JN125387

ふれ愛交差点®

人気料理家の

とっておきレシピ300

監修：シジシージャパン

石原洋子
小林まさみ
重信初江
藤野嘉子
ほりえさわこ
堀江ひろ子
武蔵裕子

毎月140万部発行

料理情報誌『ふれ愛交差点』の 人気レシピを集めました！

全国のCGCグループの食料品スーパーマーケットで配布しています。誌面では、毎日のおかず提案をはじめ、旬食材の紹介、CGC商品で作るレシピ、ミシュラン星付き和食店の店主が伝授するお料理や栄養バランスがととのうおかずなど、毎月約45のレシピを掲載しています。

『ふれ愛交差点』は、全国の地域に根ざした食料品スーパーマーケットが加盟するCGCグループが発行する料理情報誌（フリーペーパー）です。毎月140万部を発行し、CGCグループに加盟する食料品スーパーマーケットで配布しています。1978年の創刊以来、45年間にわたり、毎日のお料理作りを応援し続け、これまでに提案してきたレシピ数は、およそ2万点にのぼります。

CGCグループのお店は
全国206社4,440店舗
（2024年5月1日時点）

このマークが
CGCグループ加盟店の
目印です

CGCグループ加盟店の
検索はこちらから

「Kitchen 365」の人気メニューをお届け

今回、初めての書籍化にあたり、『ふれ愛交差点』の名物コーナー「Kitchen 365」で紹介したメニューから、『ふれ愛交差点』の料理家陣による「とっておき」の品々を300品セレクトしました。鶏肉、豚肉、牛肉、魚介など食材別にまとめたコーナーや、『ふれ愛交差点』で評判の炒めもの、炊き込みごはん、鍋ものなど、ジャンル別にまとめたコーナーなど、献立を決めやすい構成にしました。主菜230品、副菜・汁もの70品のラインナップは、毎日のおかず作りの強い味方となってくれると思います。

Kitchen 365 毎日のレシピ集 3

「ふれ愛交差点」でご紹介した約7,700レシピは、WEBでも公開中！

クッキングガイド 検索
https://cgc-kitchen365.jp

3月の料理を作ってくれたのは 藤野 嘉子さん

1 さわらの黄金焼き

2 鶏肉とナッツのコクうま炒め

Kitchen 365 毎日のレシピ集 4

「ふれ愛交差点」でご紹介した約7,700レシピは、WEBでも公開中！

クッキングガイド 検索
https://cgc-kitchen365.jp

4月の料理を作ってくれたのは 重信 初江さん

1 むきえびとアスパラの炊き込みごはん

2 たけのこの焼きシュウマイ

毎月の「Kitchen 365」コーナーでは、料理家が月替わりで、その月の旬食材などを使ったおかずを提案しています。

本書を手に取ってくださったみなさまが、お料理をすることを楽しみ、
毎日の料理作りの参考にしていただけたら幸いです。
『ふれ愛交差点』が数量限定のフリーペーパーであるという性質上、
年間購読やバックナンバーを求める声にお応えすることはできませんが、
本書がその一助になれれば、うれしい限りです。

『ふれ愛交差点』WEBサイトも

WEBサイトでもレシピを紹介しています。
動画で調理方法を確認できるレシピもあります。

クッキングガイド　検索
https://cgc-kitchen365.jp

WEBサイトは
こちらから

目次

PART 1 鶏肉おかずのとっておき

極めればおかずいらず!? 炊き込みごはんセレクション

PART 2 豚肉おかずのとっておき

PART 3 牛肉おかずのとっておき

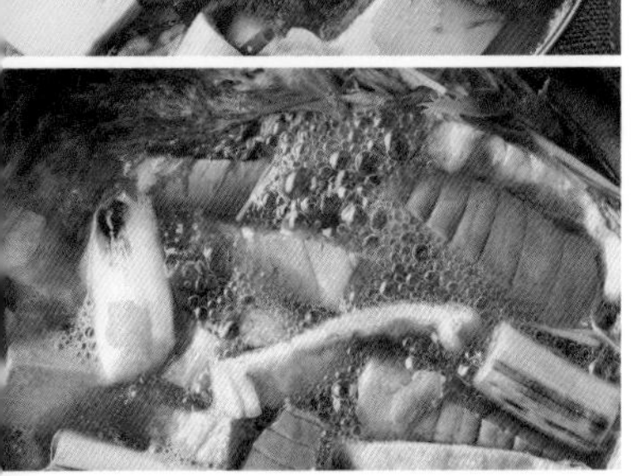

ひと品でほぼ完結!

鍋もの
セレクション

PART 4 魚介おかずのとっておき

昼食献立の強い味方！
パスタセレクション

PART5
炒めもののとっておき

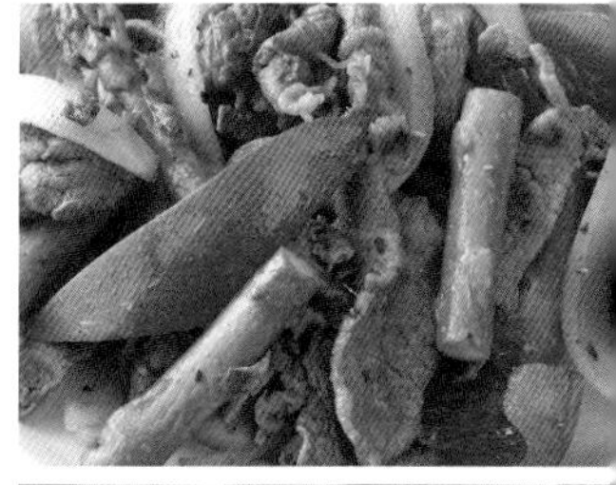

毎日の献立サポート① 副菜

毎日の献立サポート② 汁もの

料理家紹介

石原洋子

定番の家庭料理からおもてなしのごちそうまで幅広く手がけ、再現性の高いレシピに定評がある。自宅で45年以上料理教室を主宰。近著は『石原洋子のおさらい料理教室』（Gakken）など。

小林まさみ

身近な材料で簡単に作ることができるレシピが人気。テレビ、書籍や雑誌などで幅広く活躍するかたわら、料理教室も主宰。著書に『血糖値を下げる1か月献立』（Gakken）など多数。

重信初江

家庭料理から旅先で出会う味にヒントを得て考案する料理まで幅広く手がける。おいしく作りやすいレシピと気さくな人柄にファンも多い。近著は『食べたい作りたい現地味もっと！おうち韓食』（主婦の友社）。

藤野嘉子

食材の持ち味をいかした和・洋・中のおかずは、リピートしたくなるおいしさと評判。テレビや雑誌などで活躍するほか、東京・日本橋の「カストール・ラボラトリー」での料理教室も人気。

ほりえさわこ

祖母、母（堀江ひろ子）ともに料理研究家で、受け継いだ味に今の感覚も加えた家庭料理を提案している。三世代で暮らす大家族の日々の食事の担い手でもあり、レシピは実生活に役立つと評判。

堀江ひろ子

和・洋・中・エスニックと幅広いジャンルの料理が得意。料理歴60年の経験に裏打ちされたレシピは作りやすく万人に好まれる味付けと評判。娘（ほりえさわこ）との共著は『おいしい味つけ1:1:1の便利帖』（池田書店）。

武蔵裕子

高齢の両親と2人の息子の三世代の食事を切り盛りしてきた経験をいかした、簡単で栄養たっぷりの料理が評判。企業へのメニュー提案でも活躍。近著は『超定番12食材でおいしさ無限250レシピ』（新星出版社）。

本書の決まり事

- 記載している分量は、1カップ=200ml、大さじ1=15ml、小さじ1=5ml、米1合=180mlです。材料表の（　）内の重量（g）は目安量です。
- 使用するだし汁としょうゆは特に明記していない場合、昆布・かつおのだしと濃口しょうゆです。
- 野菜を洗う、皮をむくなどの基本的な作業をすませた手順としています。
- しょうが汁、レモン汁などは、それぞれしぼり汁のことです。
- ツナは指定がない場合、オイル漬けのものを使用しています。
- 酒は日本酒を使用しています。
- 指定のない「油」は、サラダ油です。
- 油の温度は、低温=約160℃、中温=170～180℃、高温=約185℃ を基準にしています。電子レンジは600W、オーブントースターは1000W を基準にして、加熱時間を表示しています。メーカーや機種によって異なりますので、様子を見て加減してください。
- 調理時間は目安です。肉を室温に戻す時間、電子炊飯器で炊く時間、乾物を水で戻す時間、冷ます時間、漬けおく時間、水きりをする時間などは含んでおりません。

- レシピの熱量（カロリー）と塩分量は、1人分の数値です（材料に○本分とある場合は、1本分の数値です）。料理のたれやドレッシング、つけ汁、煮汁の付着率などを考慮して計算しています。

- レシピ名の近くにレシピを考案した料理家の名前を表示しています。

重信初江

あっさりポトフ

PART 1

鶏肉おかずのとっておき

『ふれ愛交差点』では、おなじみの
多彩なレパートリーを誇る
鶏肉メニューから、とっておきを厳選。
副菜やサラダと組み合わせてどうぞ。

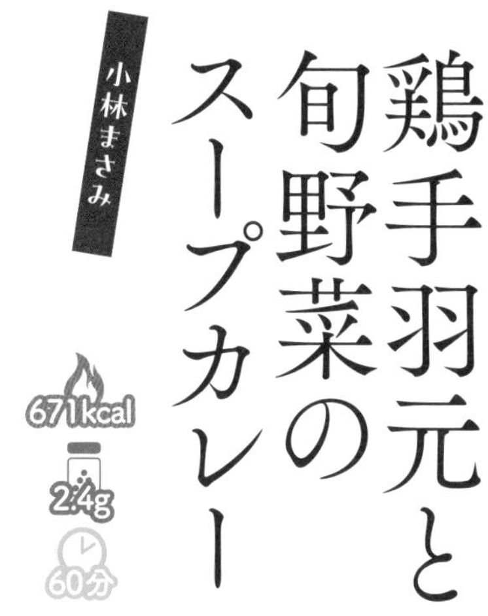

鶏手羽元と旬野菜のスープカレー

小林まさみ

671kcal
2.4g
60分

材 料（4人分）

鶏手羽元…12本　たまねぎ（みじん切り）…2個分
しょうが、にんにく（各すりおろし）…各小さじ2

A| 塩…小さじ1/2　こしょう…少々

サラダ油…大さじ4　カレー粉…大さじ2と1/2
水…6カップ　トマトピューレ…150g
塩…小さじ2～2と1/2　こしょう…少々
ガラムマサラ…小さじ1
バジル（乾燥）…大さじ1/2
新にんじん…1/2本　新じゃがいも…1個
アスパラガス…4本
ヤングコーン…8本　揚げ油…適量
温かいごはん…600g

作り方

1. 鶏手羽元は骨に沿って縦に1本切り目を入れ、Aをすり込む。
2. 鍋に油、たまねぎ、しょうが、にんにくを入れて強めの中火にかけ、たまねぎがあめ色になるまで12～15分炒める（途中で材料外の水適量を足し、鍋底をこそげながら炒める）。
3. 1を加え、たまねぎをからめるように炒める。カレー粉をふり、なじむまで炒める。水、トマトピューレを加えて混ぜ、煮立ったらアクを取る。ふたをして弱火にし、時々混ぜながら20分煮る。塩、こしょうで味をととのえ、ガラムマサラ、バジルを混ぜる。
4. 揚げ野菜を作る。にんじんは皮付きのまま長さを半分に切り、四つ割りにする。アスパラは根元のかたい皮をむき、長さを2～3等分に切る。じゃがいもは皮付きのままひと口大に切る。フライパンに揚げ油を深さ2cmほど入れて150℃に熱し、にんじん、じゃがいもを6～7分揚げて取り出す。油の温度を180℃に上げ、アスパラ、ヤングコーンをサッと揚げる。
5. 器に3と揚げ野菜を盛り、ごはんを添える。

ロールチキンのルイボスティー煮

小林まさみ

206kcal
1.1g
50分

材 料（4〜6人分）

鶏もも肉…2枚　ゆで卵…2個（半分に切る）

A
水…3カップ　ルイボスティー（ティーバッグ）…1袋
長ねぎ（青い部分）…1本分
にんにく（つぶす）…大1かけ分
しょうが汁…大さじ1
しょうゆ、砂糖、酒…各大さじ3

サラダ油…大さじ1
さやいんげん（長さを2〜3等分に切って塩ゆで）…80g

作り方

1. 鶏肉は身の厚いところに包丁を入れて切り開き、余分な脂肪と筋を取り除く。皮を外側にして巻き、たこ糸を巻きつけてしばる。
2. フライパンに油を強めの中火で熱し、1を巻き終わりを下にして入れ、転がしながら5〜6分かけて全面を焼く。
3. フライパンの余分な油をふき、Aを加えて煮立て、アクを取る。落としぶたをして中火で30分、途中で返しながら煮る。
4. ゆで卵を加えて強めの中火にし、時々煮汁をかけながらとろみがつくまで2分ほど煮る。鶏肉はたこ糸を取って食べやすく切る。器に盛り、ゆで卵といんげんを添える。

手羽中と卵の甘辛煮

材 料（2人分）

鶏手羽中…8本
ゆで卵…2個
サラダ油…大さじ1/2

A｜水…1と1/2カップ
　｜三温糖、しょうゆ、酒…各大さじ2

細ねぎ（斜め切り）…適量

作り方

1. 鶏手羽中は裏側の骨に沿って1本切り目を入れる。
2. フライパンに油を中火で熱し、1を片面3分ずつ、焼き色がつくまで焼く。
3. A、ゆで卵を加え、煮立ったらアクを取って弱めの中火にし、時々返しながら12分ほど煮る（煮汁を少し煮詰めたいので、ふたはしない）。器に盛り、細ねぎをのせる

新じゃがと鶏手羽元の白ワイン煮

材 料（2人分）

鶏手羽元…6本　新じゃがいも…小4個
たまねぎ…1個
グリーンピース（さや付き）…150g
オリーブ油…大さじ1

A｜白ワイン、水…各1カップ
　｜塩…小さじ1/2　こしょう…少々

作り方

1. じゃがいもは皮付きのまま半分に切る。たまねぎは1.5cm角に切る。グリーンピースはさやから実を取り出す。
2. 鍋にオリーブ油を中火で熱し、鶏手羽元、じゃがいも、たまねぎを2〜3分炒める。グリーンピースを加えてサッと炒め、Aを加える。煮立ったら弱めの中火にし、15分煮る。
3. 強めの中火にし、煮汁が1/3量ほどになるまで2〜3分煮る。

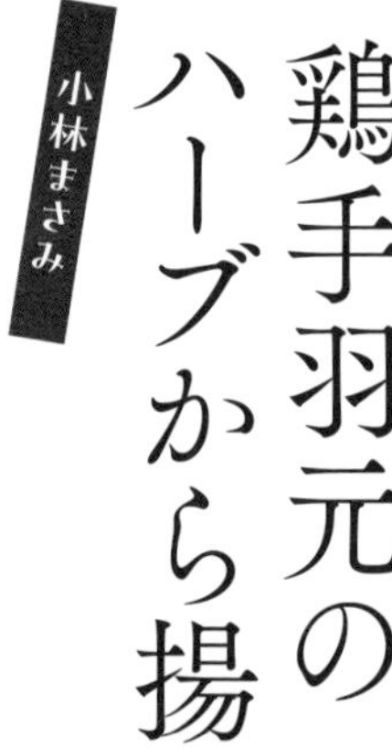

鶏手羽元のハーブから揚げ

小林まさみ

421kcal
2.0g
15分

材 料（4人分）

鶏手羽元…12本（700g）

A にんにく（すりおろし）…小さじ1　サラダ油…小さじ2
　塩…小さじ1と1/3　こしょう…少々
B 溶き卵…1個分　薄力粉…大さじ5　牛乳…大さじ5
C 薄力粉…1/3カップ　片栗粉…1/2カップ
　バジル（ドライ）…大さじ1　オレガノ（ドライ）…大さじ1

揚げ油…適量　ベビーリーフ…適量

作り方

1. 鶏手羽元はペーパータオルで水気をふき取り、骨にそって1本切り込みを入れる。厚手のポリ袋に入れ、Aを加えて袋の上からもみ込む。冷蔵庫で1時間（時間外）漬ける（揚げる20分前に室温におく）。
2. ボウルにBを、バットにCを入れてそれぞれ混ぜ合わせておく。
3. 鶏手羽元を取り出し、1本ずつBをからめ、軽く汁気をきってからCをまぶし、手でギュッと押さえる。
4. フライパンに揚げ油を深さ2cmほど入れて低温に熱し、鶏手羽元を入れてときどき返しながら8分ほど揚げる。仕上げに油を高温にし、2分ほどカラッと揚げる。器に盛り、ベビーリーフを添える。

小林まさみ

鶏肉とさといもの和風ポトフ

材 料（4人分）

鶏手羽元…12本　さといも…600g
にんじん…小1本　小松菜…1/2束

A| 水…6カップ　昆布…10cm　酒…大さじ3

塩…大さじ1/2　こしょう…少々
ゆずこしょう（お好みで）…適量

作り方

1. 鶏手羽元は骨に沿って両側に切り目を入れる。さといもは大きいものは半分に切って鍋に入れ、かぶるくらいの水（材料外）を加えて強火にかけ、ひと煮立ちさせる。ざるに上げ、サッと洗う。にんじんは幅1cmの輪切りにする。小松菜は長さ4cmに切る。
2. 鍋にAを入れ、さといも、にんじん、鶏手羽元を加え、強火にかける。沸騰したら弱火にし、アクを取り、ふたをして30〜40分煮る。
3. 塩、こしょうで味をととのえ、小松菜を加えてサッと煮る。器に盛り、お好みでゆずこしょうを添える。

小林まさみ

鶏団子とブロッコリーの煮もの

材 料（2人分）

鶏ひき肉（もも）…150g
ブロッコリー（小房に分ける）…1株分
しょうが（せん切り）…1かけ分

A| 溶き卵…1/2個分　長ねぎ（みじん切り）…大さじ1と1/2
しょうが（すりおろし）…小さじ1/2　片栗粉…大さじ1/2
塩…小さじ1/6

B| 鶏がらスープ（顆粒）…小さじ1/2　塩…小さじ1/8
水…1と1/2カップ

片栗粉…小さじ1　ごま油…小さじ1

作り方

1. ボウルにひき肉、Aを入れ、ねばりが出るまで練り混ぜる。
2. 鍋にBを入れ、強火にかける。煮立ったら1を12等分にし、指でつまんで落とし入れる。アクを取り、鶏団子を一度取り出す。
3. 2の鍋にブロッコリー、しょうがを加え、鶏団子を戻し、弱めの中火でふたをして5分ほど煮る。片栗粉を同量の水で溶いて加え、とろみをつける。仕上げにごま油を加えてひと混ぜする。

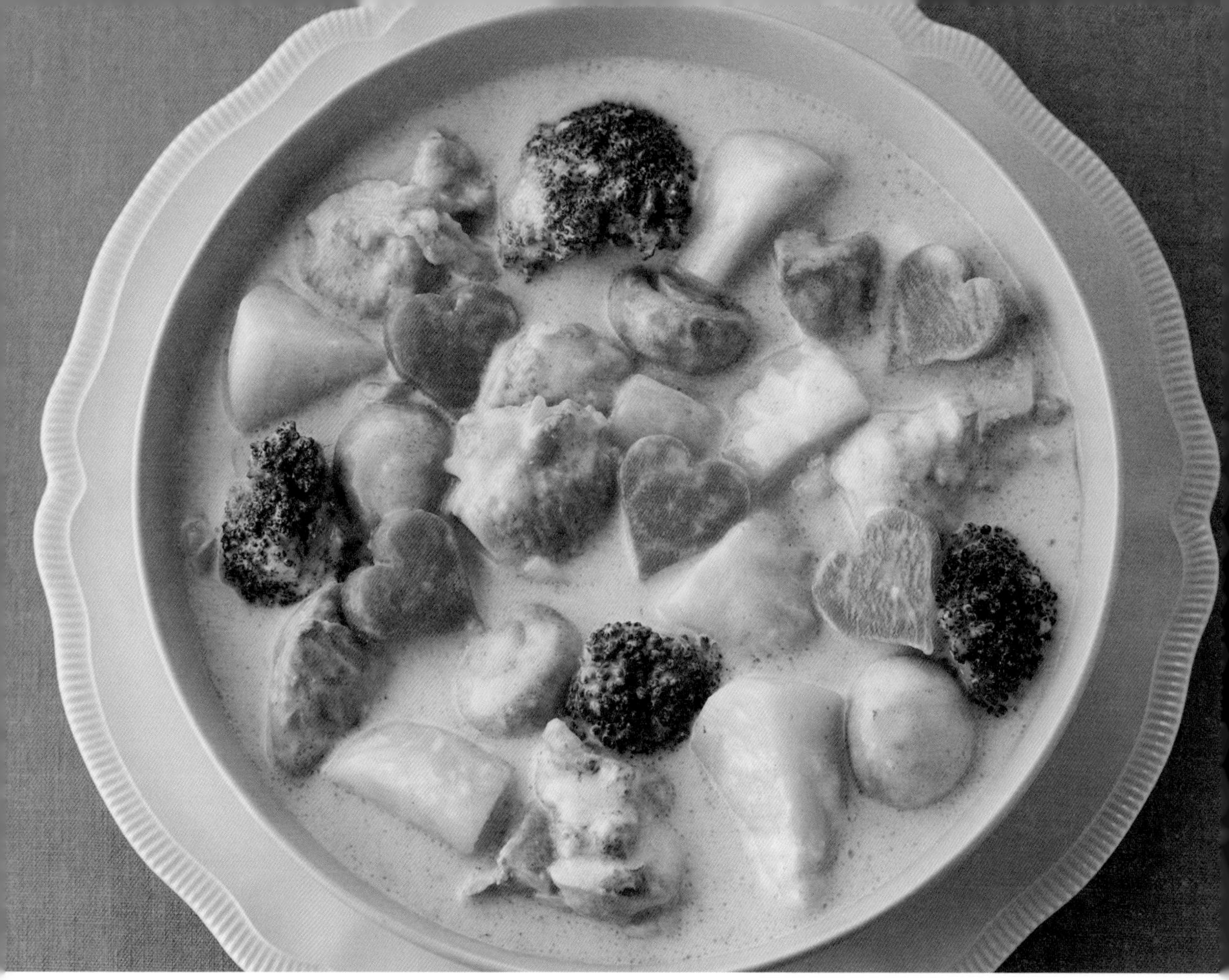

チキンクリームシチュー

重信初江

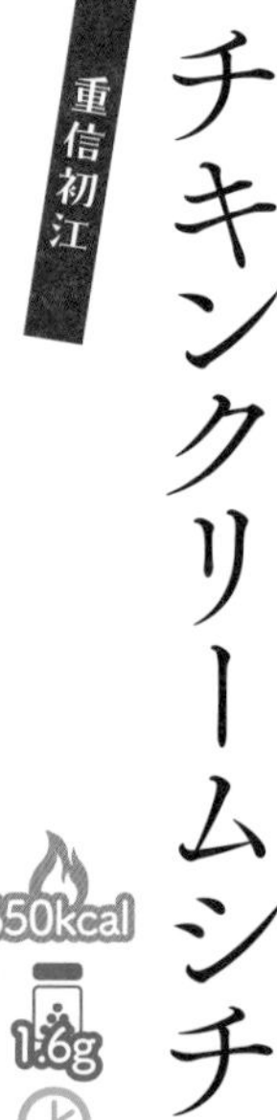

材 料（4人分）

鶏もも肉…2枚　たまねぎ…1個　にんじん…1本　じゃがいも…3個
マッシュルーム…12個　ブロッコリー…1/2株　サラダ油…大さじ2
薄力粉…大さじ3　白ワイン…1/2カップ

A｜白ワイン…大さじ1　塩…小さじ1/4　こしょう…少々
B｜牛乳…1カップ　水…1カップ　生クリーム…1/2カップ
　｜コンソメ（顆粒）…小さじ1/2　塩…小さじ1/2　こしょう…少々

作り方

1. 鶏肉は大きめのひと口大に切り、Aをもみ込んで10分ほどおく。たまねぎは2cm四方に切る。にんじんは厚さ7～8mmの輪切りにしてハート形に抜く。じゃがいもは大きめのひと口大に切る。マッシュルームは軸を切る。ブロッコリーは小房に分ける。鍋に湯を沸かし、塩適量（材料外）を加えてブロッコリーをサッとゆで、ざるに上げる。
2. フライパンに油を弱めの中火で熱し、鶏肉の汁気を押さえてから入れ、3分焼き、返して1分焼く。たまねぎ、にんじん、じゃがいも、マッシュルームを加えて2分ほど炒め合わせ、薄力粉を全体にふり、さらに2分ほど炒める。
3. 白ワインを加えて混ぜながら煮立て、軽く煮詰める。Bを加えて混ぜながら煮立て、弱火にして時々底から返すように混ぜながら10分ほど煮る。ブロッコリーを加えてサッと煮る。

藤野嘉子

168kcal 2.2g 15分

水晶鶏の梅だれ

材 料（2人分）

鶏むね肉…1枚　カットわかめ（乾燥）…2g
ミニトマト…6個　塩…少々　片栗粉…適量
青じそ2～3枚

A｜梅干し（種を除いてたたく）…3個分
　｜酢、しょうゆ、だし汁…各大さじ1/2

作り方

1. 鶏肉は皮を取ってそぎ切りにし、塩をふって片栗粉をまぶす。わかめは水に5分ほどつけて戻し、水気をきる。ミニトマトは半分に切る。
2. 鍋に湯を沸かして塩少々（材料外）を入れ、鶏肉を2分ゆでてざるに上げる。わかめを入れてサッとゆで、ざるに上げる。
3. 器に鶏肉、わかめ、ミニトマト、青じそを盛り、Aの材料を混ぜてかける。

武蔵裕子

296kcal 2.8g 10分

鶏手羽先のから揚げ

材 料（2～3人分）

鶏手羽先…6～9本

A｜しょうが汁…小さじ1　しょうゆ…大さじ1
　｜酒…大さじ1
B｜しょうゆ…大さじ2　はちみつ…大さじ1

薄力粉…大さじ1　片栗粉…大さじ1　揚げ油…適量
ガーリックパウダー…小さじ1　粗びき黒こしょう…適量

作り方

1. 鶏手羽先は骨に沿って両側に切り込みを入れる。ボウルに鶏手羽先とAを入れて手でもみ込み、10分ほどおく（時間外）。やや大きめのボウルにBを入れ、よく混ぜ合わせておく。
2. ポリ袋に薄力粉と片栗粉を入れ、1の手羽先を加えてまんべんなくもみ込み、鶏手羽先全体に粉をなじませる。
3. 揚げ油を低温に熱し、鶏手羽先を入れて4～5分揚げる。時々返しながら表面がカリッとしてきつね色になったら取り出し、油をきってBをからめる。ガーリックパウダー、黒こしょうをふる。

なすと鶏だんごの冷やし鉢

材 料（2人分）

鶏ひき肉…200g　なす…3個

A｜しょうが（すりおろし）…小さじ1　酒、水…各大さじ1
　片栗粉…大さじ1/2　塩、こしょう…各少々

B｜だし汁…2カップ　みりん…大さじ2
　薄口しょうゆ…大さじ1　塩…小さじ1/4

枝豆（ゆでたもの）…100g

作り方

1. なすは皮をむいて縦半分に切り、使うまで水につけておく。
2. ボウルにひき肉とAを入れ、粘りが出るまで練る。
3. 鍋にBを中火で煮立て、2をひと口大に丸めて入れる。再び煮立ったら、なすの水気をきって加え、落としぶたをして弱火で6〜7分煮る。
4. 枝豆をさやから取り出して加え、火を止める。鍋底に氷水をあてて冷やす（時間外）。

405kcal　1.4g　25分

鶏肉のソテー オレンジソース

材 料（2人分）

鶏もも肉…小2枚（400g）　オレンジ…1個　塩…小さじ1/3
こしょう…少々　オリーブ油…大さじ1/2

A｜白ワイン…1/3カップ　塩、こしょう…各少々

ベビーリーフ…適量

作り方

1. 鶏肉は塩、こしょうをもみ込む。オレンジは包丁で皮と薄皮をむき、果肉を取り出す。残った薄皮はしぼって果汁を取る。
2. フライパンにオリーブ油を弱めの中火で熱し、鶏肉を皮目を下にして並べ、皮がパリッとするまで10分ほど焼き、返して2〜3分焼く。食べやすく切り、器に盛る。
3. 2のフライパンにオレンジの果肉と果汁、Aを入れ、ひと煮立ちさせる。2の鶏肉にかけ、ベビーリーフを添える。

ほりえさわこ

はちみつ照り焼きチキン

材 料（2人分）

鶏もも肉…1枚
しょうゆ…大さじ2
はちみつ…大さじ1
ベビーリーフ、ミニトマト（赤・黄）…各適量

作り方

1. ポリ袋にしょうゆ、はちみつを入れ、鶏肉を加えてよくもみ込む。空気を抜いて袋の口を結び、冷蔵庫で1時間以上おく。
2. オーブントースターの天板にアルミ箔を敷き、鶏肉を皮目を上にしてのせ、10分ほど焼く。焼き上がったら皮目に焼き汁をからめ（ツヤを出すため）、皮目を上にしてあら熱を取る（時間外）。
3. 食べやすく切って器に盛り、ベビーリーフとミニトマトを添える。

ほうれん草と鶏肉のグラタン

材 料（2人分）

鶏もも肉…1枚　ほうれん草…1/2束
たまねぎ（みじん切り）…1/4個分　バター…大さじ1と1/2
薄力粉…大さじ2　白ワイン…大さじ1/2
牛乳…1カップ　塩、こしょう、粉チーズ…各適量

作り方

1. 鶏肉はひと口大に切り、塩小さじ1/4強、こしょう少々をふる。ほうれん草は長さ4cmに切り、熱湯でゆで、冷水にとって水気をしぼる。
2. フライパンにバターを中火で溶かし、たまねぎをすき通るまで炒める。鶏肉を加えて炒め、色が変わったら薄力粉を加え、粉っぽさがなくなるまで炒める。白ワイン、牛乳を加えて混ぜ、煮立ったら弱火で10分煮る。
3. ほうれん草を加え、塩小さじ1/4、こしょう少々で味をととのえる。
4. 耐熱の器にバター（材料外）を薄く塗り、3を入れて粉チーズをふる。オーブントースターで10分焼く。

武蔵裕子 455kcal 2.3g 20分

スタミナたれ漬けチキン

材 料（2～3人分）

鶏むね肉、鶏もも肉…各1枚　キャベツ…2枚
にんじん…1/3本　さやいんげん…4本
サラダ油…大さじ1

A
にんにく（すりおろし）…小2かけ分
しょうが（すりおろし）…小さじ2
しょうゆ、白すりごま…各大さじ1と1/2
オイスターソース…大さじ1
酒、ごま油…各大さじ1/2　はちみつ…小さじ1

作り方

1. 鶏肉はひと口大に切り、ポリ袋にAとともに入れてもみ込み、冷蔵庫で1時間以上漬ける（時間外）。
2. キャベツはざく切りにする。にんじんは長さ3cmのせん切りにする。いんげんは3～4等分の斜め切りにする。
3. フライパンに油大さじ1/2を中火で熱し、野菜を入れて2～3分炒める。水大さじ1（材料外）を加えてふたをし、3分ほど蒸し焼きにして、器に盛る。
4. 3のフライパンに油大さじ1/2を足して中火で熱し、1を漬け汁ごと入れて返しながら2～3分焼く。ふたをして弱めの中火にし、2分蒸し焼きにする。ふたを取って強めの中火にし、汁気をからめるように焼き、3の器に盛る。

ほりえさわこ 252kcal 1.8g 20分

鶏ハム

材 料（2人分）

鶏むね肉…1枚（250g）　塩…小さじ1（鶏肉の重さの2%）
セロリの葉…適量　白ワイン…1/4カップ
ミニトマト（赤・黄）…各5個　セロリ…1/2本

A
砂糖、酢、オリーブ油…各大さじ1
塩…小さじ1/4

パセリ（みじん切り）…適量

作り方

1. ポリ袋に鶏肉と塩を入れてもみ込み、空気を抜いて袋の口を結び、冷蔵庫で1日おく（時間外）。
2. 鍋に1、水2と1/2カップ（材料外）、セロリの葉、白ワインを入れて強火にかけ、煮立ったらアクを取って弱火にし、ペーパータオルをかぶせて4～5分ゆでる。火を止め、そのまま冷めるまでおく（時間外）。
3. ミニトマトは4等分、セロリは1cm角に切り、Aと混ぜる。
4. 2の鶏肉を幅1cmに切って器に盛り、3をかけ、パセリをちらす。

タンドリーチキン

材 料（2人分）

鶏もも肉…大1枚（300g）

A｜プレーンヨーグルト（無糖）…1/3カップ
にんにく（すりおろし）…少々
トマトケチャップ…大さじ1
カレー粉…大さじ1　塩…小さじ2/3

クレソン…適量

作り方

1. ポリ袋にAを入れ、よく混ぜ合わせる。
2. 鶏肉は余分な脂を取り除き、両面のところどころをフォークで刺す。1に入れてよくもみ、10分以上おく（時間外）。
3. グリル（片面焼き）は2分予熱し、漬け汁を軽くぬぐった鶏肉を、皮目を上にして入れる。7〜8分焼いて返し、さらに4〜5分焼く（両面焼きの場合は、予熱なしで9〜10分焼く）。途中焦げそうになったらアルミ箔を平らにのせ、火の当たりを調節する。食べやすく切って器に盛り、クレソンを添える。

あっさりポトフ

材 料（2人分）

鶏手羽元…4本　ベーコン…4枚　キャベツ…4枚
新じゃがいも…小3〜4個　たまねぎ…1/2個
スナップエンドウ…6本

A｜水…2と1/2カップ　白ワイン（または酒）…1/4カップ
塩…小さじ1/3　こしょう…少々

粒マスタード…適量

作り方

1. ベーコンは長さを半分に切る。キャベツはざく切りにする。じゃがいもは皮付きのまま半分に切る。たまねぎは半分に切る。スナップエンドウは筋を取る。
2. 鍋にAを入れて中火で煮立て、鶏手羽元とベーコン、じゃがいも、たまねぎを加えてふたをし、弱火で10分ほど煮る。
3. キャベツを加え、ふたをして5分ほど煮る。スナップエンドウを加え、1分ほど煮る。
4. 器に盛り、粒マスタードを添える。

石原洋子

509kcal 2.8g 20分

チキン南蛮

材料（2人分）

鶏むね肉（皮なし）…大1枚　塩…小さじ1/4
こしょう…少々　薄力粉…適量　溶き卵…1個分
揚げ油…適量　レタス…1/3個　トマト…1/2個

A 砂糖、酢…各大さじ2　しょうゆ…大さじ1

B ゆで卵（みじん切り）…1個分
たまねぎ（みじん切り）…大さじ1
パセリ（みじん切り）…大さじ1/2　マヨネーズ…大さじ3
レモン汁…小さじ1/2　塩、こしょう…各少々

作り方

1. 鶏肉は縦半分に切り、塩、こしょうをふる。A、Bはそれぞれの材料を混ぜる。
2. 揚げ油を低めの中温に熱し、1の鶏肉に薄力粉をたっぷりとまぶし、溶き卵にくぐらせて入れる。全体がこんがり色づくまで返しながら10分ほど揚げ、油をきって熱いうちにAをからめる。
3. 2を食べやすく切って器に盛り、残った甘酢をかけ、Bをかける。レタス（ざく切り）、トマト（くし形切り）を添える。

藤野嘉子

383kcal 2.8g 20分

えのきつくねの甘辛煮

材料（2人分）

鶏ひき肉（もも）…200g　えのきだけ…1袋
小松菜…3/4束（150g）　サラダ油…大さじ1

A 卵…1個　パン粉…大さじ2　みそ…大さじ1/2

B 酒…大さじ3　しょうゆ、水…各大さじ1と1/2
砂糖…大さじ1

作り方

1. えのきは根元を落とし、幅1cmに切る。小松菜は長さ3cmに切る。
2. ボウルにひき肉、えのき、Aを入れ、ねばりが出るまでよく混ぜる。8等分にし、ラグビーボール形に丸める。
3. フライパンに油を中火で熱し、2を並べて焼く。全面に焼き色がついたらBを加え、煮立ったら小松菜を加えてふたをして、5分ほど蒸し煮にする。ふたを取り、煮汁をからめながら小松菜がしんなりするまで煮る。
4. 器につくねと小松菜を盛り、煮汁を少し煮詰めて上からかける。

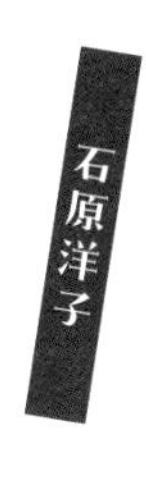

鶏肉とかぶのソテー きのこソース

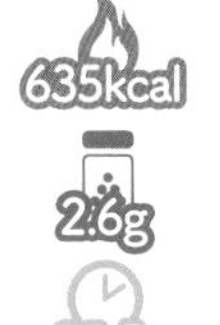

石原洋子

635kcal
2.6g
25分

材料（2人分）

鶏もも肉…小2枚　かぶ…1個　マッシュルーム（薄切り）…100g
しめじ（ほぐして長さを半分に切る）…1パック分
たまねぎ（薄切り）…1/2個分　塩…適量　こしょう…適量
オリーブ油…大さじ1と1/2　水…1/2カップ

A｜水…小さじ1　片栗粉…小さじ1/2

かぶの葉（粗いみじん切り）…大さじ2

作り方

1. 鶏肉は余分な脂肪を取り除き、塩小さじ2/3、こしょう少々をふる。かぶは軸を1cm残して切り、4等分のくし形切りにする。
2. フライパンにオリーブ油大さじ1/2を弱めの中火で熱し、鶏肉を皮を下にして入れ、かぶを加えて塩少々をふる。鶏肉はフライ返しなどで押さえながら6〜7分焼く。ペーパータオルで脂をふいてさらに1分ほど焼き、返して2〜3分焼いて取り出す。かぶは時々返しながら5〜6分焼き、塩少々をふって取り出す。
3. 2のフライパンをきれいにしてオリーブ油大さじ1を中火で熱し、たまねぎを少し色づくまで炒める。きのこを加え、しんなりするまで炒める。材料の水を加えて煮立て、塩小さじ1/4、こしょう少々で調味する。Aを混ぜて加えてとろみをつけ、かぶの葉を加えてひと煮する。
4. 器に2を盛り、3をかける。

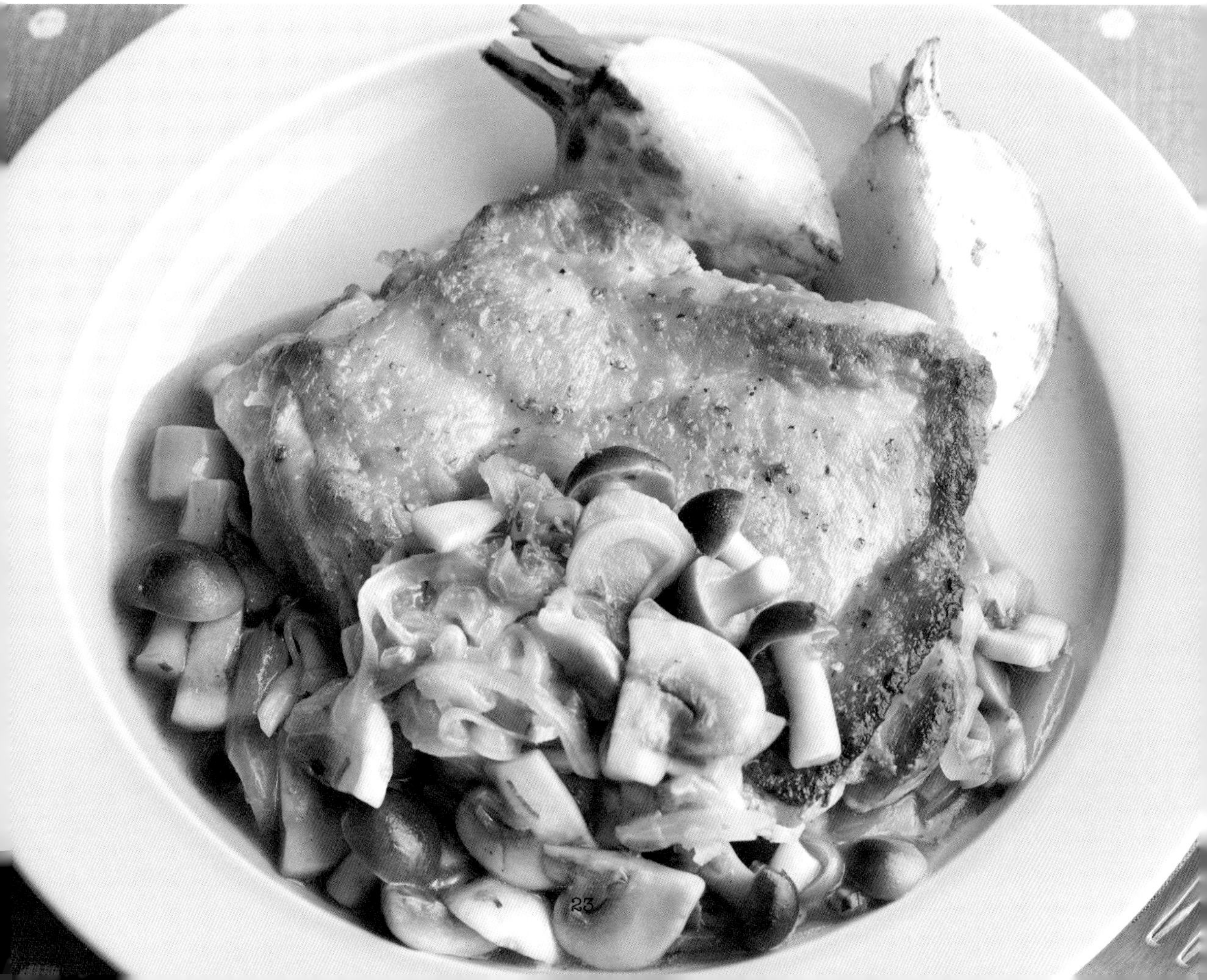

鶏肉の粒マスタードクリーム煮

材 料（2人分）

鶏むね肉…1枚　ズッキーニ…1本
たまねぎ（薄切り）…1/2個分　塩、こしょう…各少々
薄力粉…大さじ1　サラダ油…大さじ1/2
白ワイン…1/3カップ

A｜生クリーム…1/2カップ　粒マスタード…大さじ1/2
　｜塩…小さじ1/4　こしょう…少々

作り方

1. 鶏肉はひと口大に切り、塩、こしょうをふって薄力粉をまぶす。ズッキーニは長さを4等分に切り、それぞれ六つ割りにする。
2. フライパンに油を中火で熱し、鶏肉をこがさないように2〜3分炒める。ズッキーニとたまねぎを加えて、さらに2分ほど炒める。
3. 白ワインを加え、強めの中火で1分ほど煮る。Aを加え、少しとろみがつくまで1〜2分煮る。

鶏むね肉の生ハムソテー

材 料（2人分）

鶏むね肉（皮なし）…1枚　生ハム…4枚
バジルの葉（刻む）…2枝分　塩…小さじ1/2弱
こしょう…少々　薄力粉…大さじ1
オリーブ油…大さじ2　白ワイン…1/4カップ
ベビーリーフ、トマト（くし形切り）…各適量

作り方

1. 鶏肉は4等分のそぎ切りにする。ラップをかけて軽くたたく。
2. 鶏肉の汁気をふき取り、塩、こしょうをふり、バジルの葉、生ハムをのせ、薄力粉をまぶす。
3. フライパンにオリーブ油大さじ1を中火で熱し、生ハムがのっていない面から焼き、色が変わったら返し、弱火で3分ほど焼く。白ワインを加えてふたをし、1分蒸し焼きにし、取り出す。オリーブ油大さじ1を足して中火にし、トロリとするまで混ぜてソースを作る。
4. 器に肉を盛り、ベビーリーフとトマトを添え、ソースをかける。

鶏むね肉の和風タリアータ

材 料（2人分）

鶏むね肉…1枚　にんにく（薄切り）…2かけ分
みょうが…1個　細ねぎ…3本　青じそ…5枚
サラダ油…大さじ1と1/2

A| 水…1/2カップ　酒…大さじ2　塩…小さじ1/4
しょうゆ…大さじ1　白いりごま…小さじ1

作り方

1. フライパンに油大さじ1/2を中火で熱し、鶏肉を皮目を下にして入れる。3分焼いて返し、1分焼く。Aを注いでふたをし、弱火で5分、返して2分蒸し焼きにする。火を止め、そのまま15分ほどおく（時間外）。
2. みょうが、細ねぎは小口切りにし、青じそはせん切りにする。
3. 小さめのフライパンに油大さじ1とにんにくを入れて弱火にかけ、にんにくが薄く色づくまで炒める。にんにくをペーパータオルに取り出して火を止め、フライパンに残った油にしょうゆを加えて混ぜる。
4. 1を薄切りにして器に盛り、2、3のにんにくをのせる。ごまをふり、3のたれをかける。

25分

明太子巻き蒸し鶏

材 料（2人分）

鶏むね肉（皮なし）…1枚　明太子…小2本（60g）
細ねぎ（4等分に切る）…3本分　塩、こしょう…各少々
サニーレタス（ちぎる）…適量
ミニトマト（横半分に切る）…4個分　マヨネーズ…適量

作り方

1. 鶏肉は身の厚いところに包丁を入れて切り開き、ラップをかけて麺棒でたたき、1.5倍の大きさにのばす。
2. 鶏肉を横長に置き、塩、こしょうをふる。手前に明太子を横に並べて置き、その奥に細ねぎをのせ、手前から巻く。アルミ箔でしっかりと包む。
3. フライパンに2を入れ、水1と1/4カップを注ぎ、ふたをして強火にかける。沸騰したら弱火にして8分、返して8分蒸し焼きにし、取り出してそのままあら熱を取る。6等分に切って器に盛り、サニーレタス、ミニトマト、マヨネーズを添える。

鶏肉と焼き豆腐の治部煮

材 料（2人分）

鶏もも肉…1枚　焼き豆腐…1/2丁（150g）　車麩…2枚
生しいたけ…2個　にんじん…1/2本
ほうれん草…1/4束（50g）　薄力粉…大さじ1

A｜だし汁…2カップ　みりん…大さじ3
　｜酒、しょうゆ…各大さじ2　砂糖…大さじ1/2

作り方

1. 鶏肉はひと口大のそぎ切りにする。豆腐は縦半分に切り、厚さ1cmに切る。車麩は水につけて戻し（時間外）、軽くしぼって半分に切る。しいたけは軸を切り、かさに放射状の切り込みを入れる。にんじんは幅5mmの輪切りにして花型で抜く。ほうれん草はゆでて水気をしぼり、長さ5cmに切る。
2. 鍋にAを入れて中火にかけ、豆腐、車麩、にんじん、しいたけを加える。沸騰したら鶏肉に薄力粉をごく薄くまぶして加える。弱火にしてふたをずらしてかぶせ、10分煮る。
3. 器に盛り、ほうれん草を添える。

鶏もも肉と新じゃがの甘辛ごまソース

材 料（4人分）

鶏もも肉…2枚（600g）　新じゃがいも…2個（1個80〜100g）
アスパラガス…4本　パプリカ（赤）…1/4個
片栗粉…大さじ5〜6　揚げ油…適量

A｜しょうゆ…大さじ2　白いりごま…大さじ1
　｜砂糖…大さじ1/2

作り方

1. じゃがいもはひと口大に切る。アスパラは根元のかたい皮をむき、長さ3cmに切る。パプリカは幅5mmに切る。鶏肉は大きめのひと口大に切り、片栗粉をしっかりまぶしつける。
2. 大きめのボウルにAを混ぜる。
3. フライパンに揚げ油を入れて中温に熱し、じゃがいもを入れて4〜5分、竹串がスッと通るまで揚げる。アスパラ、パプリカを入れ、30秒揚げる。ともに油をきって2のボウルに加え、混ぜる。
4. 揚げ油に鶏肉を入れ、5〜6分カラリとするまで揚げる。油をきって3に加え、よくからめる。

小林まさみ

239kcal 2.1g 25分

しっとり鶏

材 料（4人分）

鶏むね肉…2枚
サラダ油…大さじ1/2

A だし汁…2と1/2カップ
しょうゆ、みりん…各大さじ4

B 梅干し（種を取り除いてたたく）…2個分
サラダ油…小さじ1

糸三つ葉（長さ4cmに切る）…1/2袋分

作り方

1. 鶏肉は余分な脂肪を取り除き、室温に20分おく（時間外）。
2. フライパンに油を強めの中火で熱し、鶏肉の皮目を下にして入れ、へらで軽く押さえながら2分～2分30秒焼き、返して30秒～1分焼く。
3. 鍋にAを入れ、強めの中火でひと煮立ちさせて火を止める。2を加え、クッキングシートをかぶせてから鍋のふたをし、10～12分おく（時間外）。取り出して、あら熱が取れるまでおく（途中一度、返す）。
4. Bと3の鍋の汁大さじ1を混ぜ、梅だれを作る。鶏肉を薄切りにして器に盛り、糸三つ葉を添え、梅だれをかける。

重信初江

328kcal 2.0g 25分

手羽元とさといもの酢じょうゆ煮

材 料（2～3人分）

鶏手羽元…8本　さといも…6個
パプリカ（赤）…1/2個
サラダ油…大さじ1/2

A 水…2と1/2カップ
酢、しょうゆ、砂糖…各大さじ3

作り方

1. さといもは皮をむいて半分に切る。パプリカは乱切りにする。鶏手羽元はペーパータオルで水気を取る。
2. フライパンに油を中火で熱し、鶏手羽元を入れ、全体に焼き色がつくまで返しながら3～4分焼く。
3. さといも、パプリカを加えてひと炒めし、Aを注ぎ、煮立ったら弱めの中火にして15分ほど煮る。

武蔵裕子

317kcal 2.0g 15分

鶏手羽先の照り焼き

材 料（2人分）

鶏手羽先…6本　薄力粉…適量

A 酒、しょうゆ…各大さじ1と1/2
みりん…大さじ1
三温糖（または砂糖）…大さじ1/2

サラダ油…大さじ1/2
白いりごま、サラダ菜…各適量

作り方

1. 鶏手羽先の皮目に、骨に沿って1本切り込みを入れ、薄力粉を薄くまぶす。Aは混ぜる。
2. フライパンに油を中火で熱し、鶏手羽先の目を下にして入れて3分ほど焼き、返してさに2～3分焼く。ふたをして弱火で1分ほどし焼きにする。
3. ペーパータオルで余分な油をふき、火を少し強めてAを加え、フライパンをゆすりながら照りが出るまでからめる。器に盛ってごまをふり、サラダ菜を添える。

極めればおかずいらず!?

炊き込みごはん セレクション

※米の浸水時間と炊飯器で炊く時間は調理時間に含めていません。

旬の食材使った炊き込みごはんも『ふれ愛交差点』で大人気。具だくさんなら、汁ものを合わせるだけでも立派な献立に。ハレの日のメニューとしても活躍します。

石原洋子

316kcal 1.6g 15分

たけのこごはん

材 料（4人分）

米…2合　ゆでたけのこ…150g　油揚げ…1枚
にんじん…1/3本　だし汁…適量

A｜しょうゆ、酒…各小さじ1
B｜酒…大さじ2　塩…小さじ2/3
｜しょうゆ…小さじ1/2

木の芽…適量

作り方

1. 米は洗ってざるに上げ、炊飯器の内釜に入れ、だし汁を2合の目盛りまで注ぎ、そこから大さじ3を取り除き、30分浸水させる。
2. たけのこは穂先と根元に切り分け、穂先は縦半分に切って長さ3cmの薄切りにし、根元は薄いいちょう切りにする。**A**をからめて15分ほどおく（時間外）。
3. 油揚げは熱湯にサッと通して油抜きをし、縦半分に切って幅5mmに切る。にんじんは長さ3〜4cmの細切りにする。
4. **1**に**B**を加えて混ぜ、**2**を汁ごと加え、**3**をのせて炊く。器に盛り、木の芽を飾る。

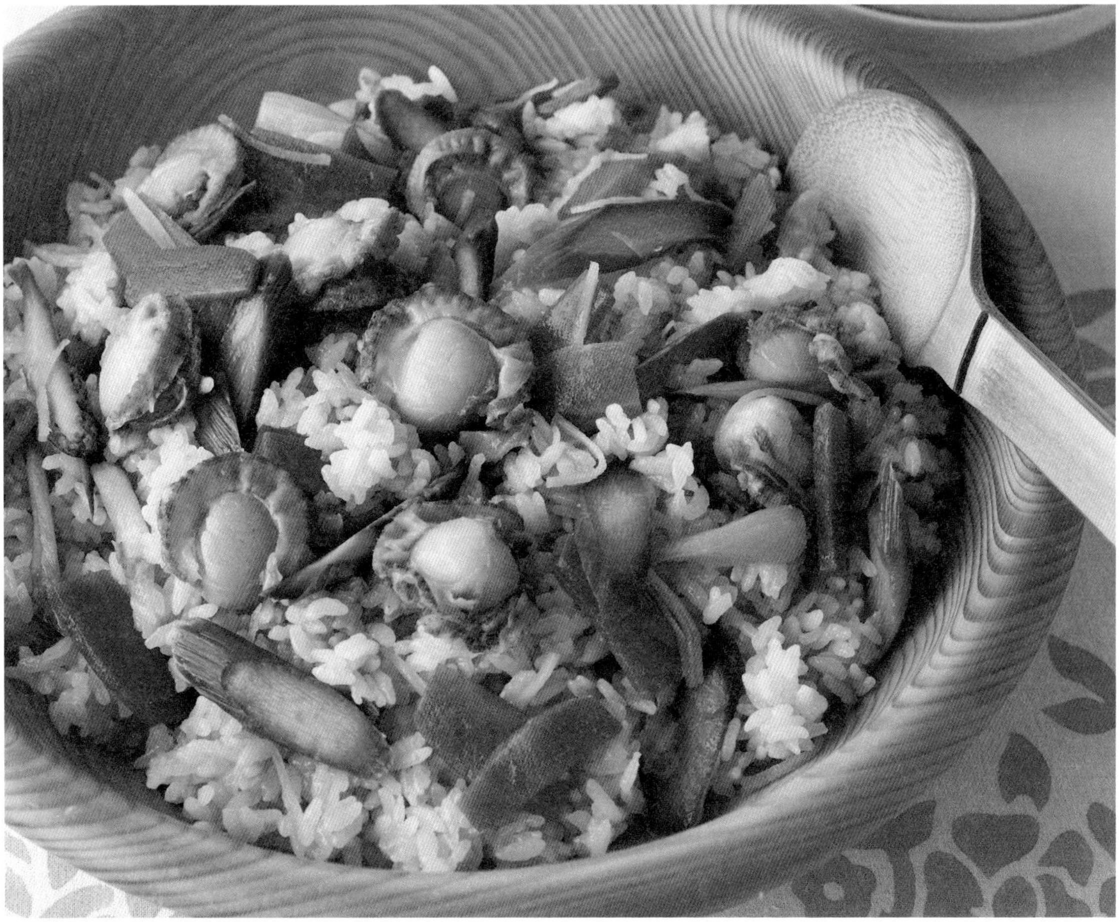

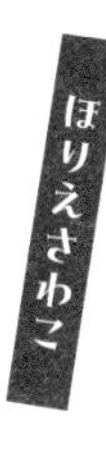

春の混ぜごはん

ほりえさわこ

337kcal
1.8g
15分

✻材 料(4人分)

米…2合　ベビーほたて…200g　アスパラガス…1束　にんじん…3cm
しょうが(せん切り)…1かけ分　だし汁…1カップ

A| 酒、薄口しょうゆ…各大さじ2

✻作り方

1. 米は洗い、ざるに上げる。アスパラは根元のかたい皮をむき、幅1cmの斜め切りにする。にんじんは短冊切りにする。
2. 鍋にだし汁を入れて中火で煮立て、アスパラ、にんじん、しょうがを入れる。煮立ったら、**A**、ほたてを加えて1分煮る。煮汁につけたまま、人肌まで冷ます。
3. 炊飯器の内釜に米を入れ、**2**の煮汁をこして加える。だし汁(または水・材料外)を目盛りまで加えて炊く。炊き上がったら、**2**の具を加えて混ぜる。

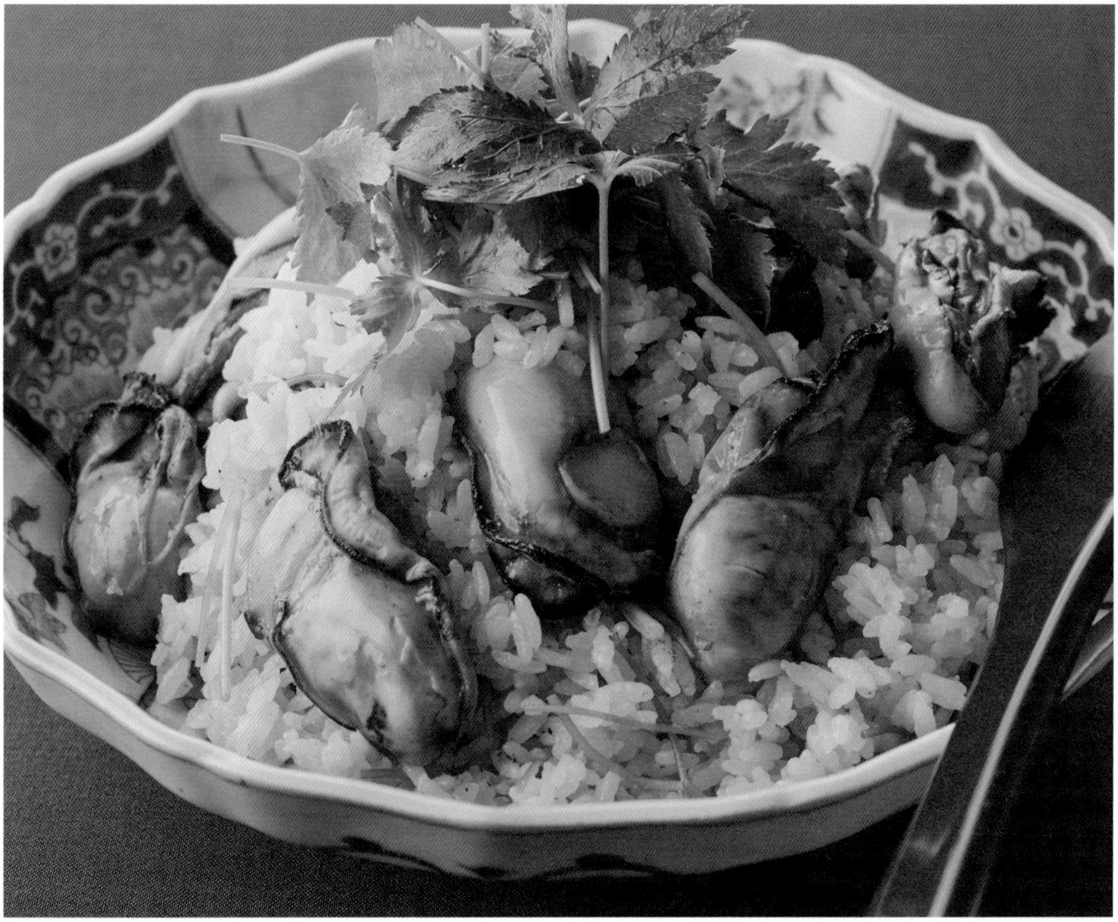

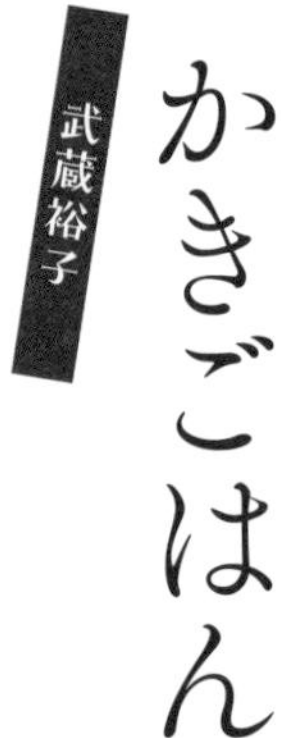

武蔵裕子

かきごはん

331kcal
1.5g
15分

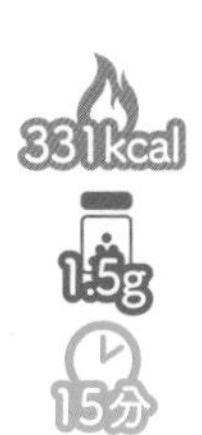

材料（3〜4人分）

米…2合　かき（加熱用）…250〜300g　酒…1/4カップ
昆布だし汁…適量

A しょうゆ…小さじ1/2　塩…小さじ1/3

三つ葉（長さ3cmに切る）…1/2束分

作り方

1. 米は洗ってざるに上げる。かきは塩水（材料外）で2〜3回ふり洗いし、水気をふき取る。
2. フライパンにかきを並べ、酒を加えてふたをし、弱めの中火で3〜4分蒸し煮にする。ざるに上げ、かきと蒸し汁に分け、蒸し汁は冷ます。
3. 炊飯器の内釜に米を入れ、**2**の蒸し汁と昆布だし汁を合わせて360mlに調整して加える。**A**を加えて混ぜ、普通に炊く。炊き上がったらかきを加え、7分ほど蒸らす。三つ葉を加えて大きく混ぜ、器に盛る。三つ葉適量（材料外）を飾る。

たこと三つ葉の炊き込みごはん

ほりえさわこ

330kcal
1.8g
10分

✳材 料（2人分）

米…1合　ゆでだこ（足）…100g　三つ葉（長さ3cmに切る）…1/2束分
しょうが（せん切り）…1かけ分

A| だし汁…1/2カップ　酒、薄口しょうゆ…各大さじ1

✳作り方

1. たこは食べやすく切る。鍋にたことAを入れて中火で煮立て、1分ほど煮て火を止める。煮汁につけたまま、人肌まで冷ます。
2. 米は洗って水気をきり、炊飯器の内釜に入れる。1の煮汁をこして加え、水（材料外）を1合の目盛りまで加え、しょうがをのせて炊く。
3. 炊き上がったら、たこを加えて2〜3分蒸らし、三つ葉を加えて混ぜる。

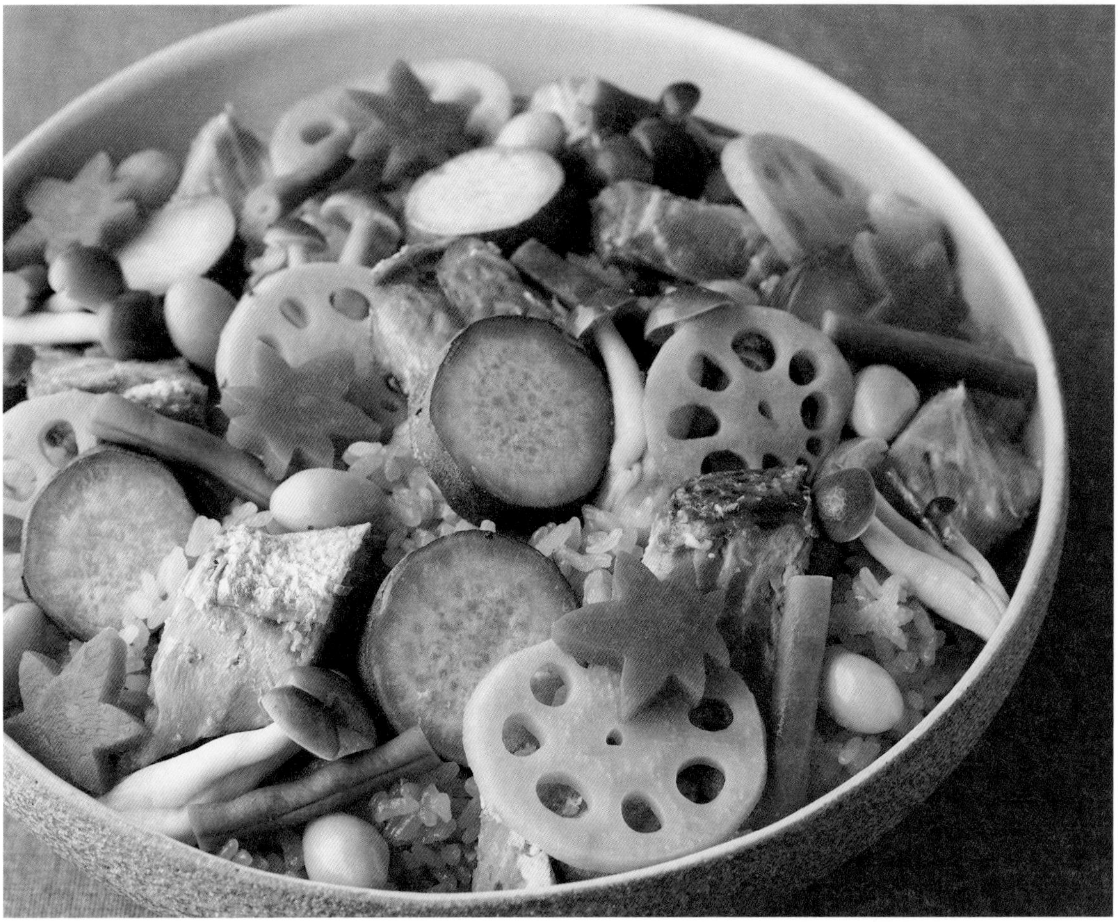

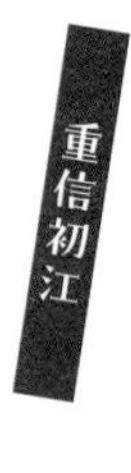

吹き寄せごはん

重信初江

415kcal
1.7g
20分

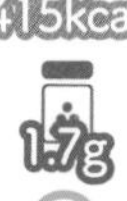

材料（5～6人分）

米…2合　もち米…1合　塩鮭（甘口・切身）…2切れ　にんじん…1/2本
しめじ…1パック（100g）　さつまいも…小1本（150g）　れんこん…80g
ぎんなん（ゆでたもの）…8～10粒　さやいんげん…2～3本

A｜水…2カップ　しょうゆ、みりん…各大さじ2　塩…小さじ1/4

作り方

1. 米ともち米は合わせて洗い、水につけて30分ほどおく。
2. にんじんは幅5mmの輪切りにし、もみじ型で抜く。しめじは小房に分ける。さつまいもは皮付きのまま幅5mmの輪切りにし、れんこんは皮をむき、幅5mmの輪切りにする。鮭はひと口大に切る。
3. 1の水気をきり、炊飯器の内釜に入れる。Aを加えて混ぜ、2の具材をのせて炊く。いんげんは長さ3cmに切り、サッとゆでる。
4. ごはんを器に盛り、いんげん、ぎんなんをちらす。

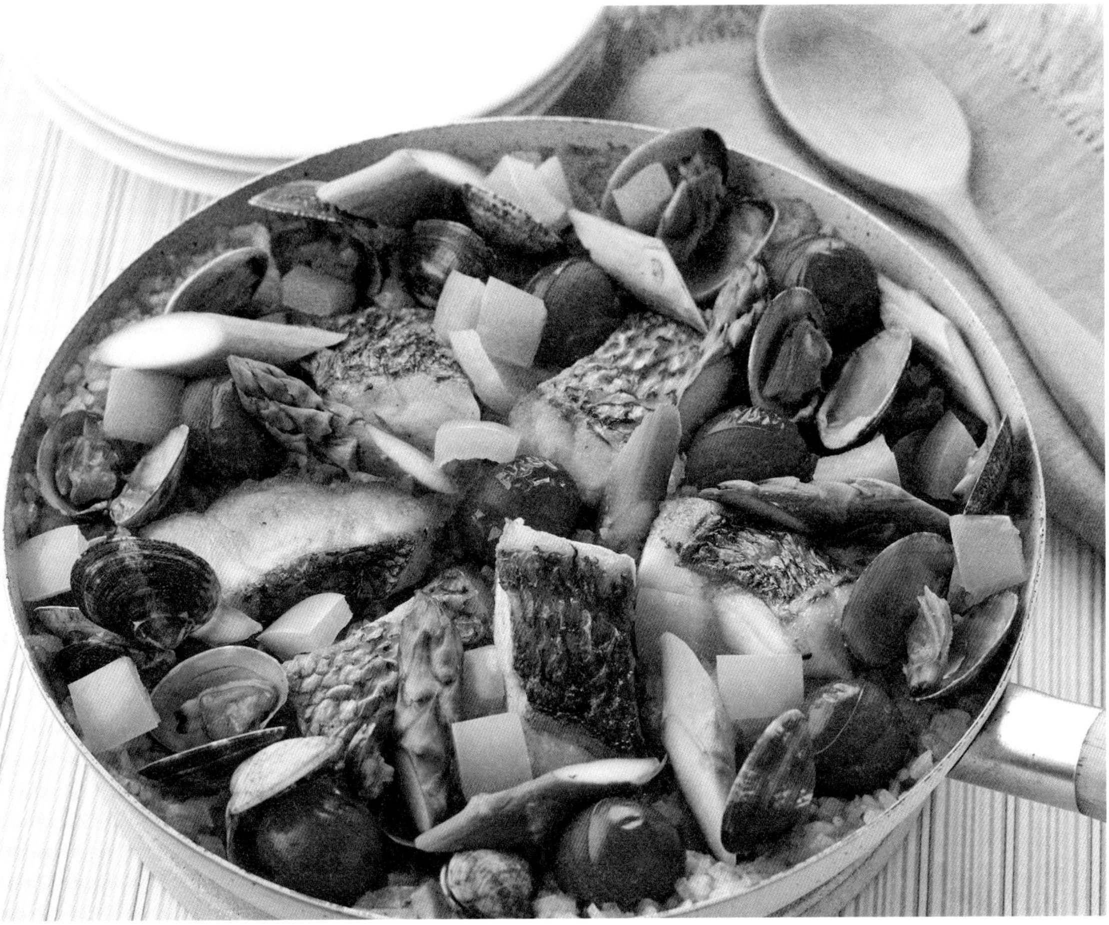

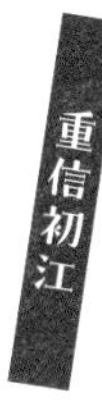

鯛のパエリア

重信初江

387kcal
1.5g
45分

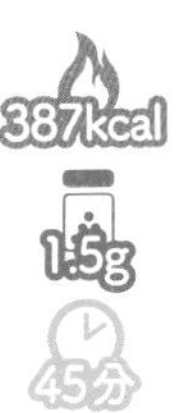

材料（4人分）

米…2合（300g）　鯛（切身）…2切れ　あさり（砂出ししたもの）…150g
たまねぎ…1/2個　ミニトマト…8個　アスパラガス…3本
パプリカ（黄）…1/4個　塩…小さじ1/4　こしょう…少々
オリーブ油…大さじ1と1/2　カレー粉…大さじ1/2

A｜水…2カップ　コンソメ（顆粒）…小さじ1　塩…小さじ1/3

作り方

1. 鯛は3～4等分に切って塩、こしょうをふり、10分ほどおく。あさりは殻をこすり合わせて洗う。たまねぎはみじん切りにする。アスパラは根元のかたい皮をむいて、幅1cmの斜め切りに、パプリカは1cm四方に切る。米は洗い、ざるに上げる。
2. フライパンにオリーブ油大さじ1/2を中火で熱し、鯛を入れ、片面2分ずつ焼いて取り出す。オリーブ油大さじ1を足して中火で熱し、たまねぎを2分ほど炒める。米を加えてさらに2分ほど、米が透き通るまで炒める。カレー粉をふってサッと炒める。
3. **A**を加え、煮立ったら**2**の鯛と**1**のあさりをのせ、ふたをして弱火で10分炊く。ミニトマトを軽く埋め込むようにのせ、再びふたをして2分炊く。アスパラ、パプリカをちらして火を止め、ふたをして10分ほど蒸らす。

武蔵裕子

546kcal 1.7g 10分

和風海南チキンライス

材 料（2～3人分）

米…2合　鶏もも肉…1枚（250g）
長ねぎ（小口切り）…1本分　塩、こしょう…各適量

A 和風だしの素（顆粒）…小さじ1/3　酒…大さじ2
しょうゆ…小さじ1　塩…小さじ1/2
すだち…1～2個　ベビーリーフ…適量

作り方

1. 米は洗ってざるに上げておく。鶏肉は余分な脂を除き、皮目に数カ所フォークを刺し、塩、こしょうを強めにふってもみ込む。
2. 炊飯器の内釜に米を入れ、目盛り通りに水を入れる。**A**を加えて混ぜ、米の上に鶏肉をのせて普通に炊く。
3. 炊き上がったら鶏肉を取り出し、長ねぎを加えてよく混ぜ合わせる。再びふたをして3～4分蒸らす。
4. 器に**3**のごはんを盛り、鶏肉を食べやすく切ってのせる。すだちを横半分に切り、ベビーリーフとともに添える。

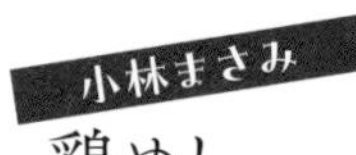
小林まさみ

322kcal

1.4g

20分

鶏めし

材 料（4人分）

米…2合　鶏もも肉…1/2枚（150g）　ごぼう…1/2本
にんじん…1/3本

A 水…大さじ3　しょうゆ、みりん、酒…各大さじ2
砂糖…小さじ2　塩…小さじ1/4

作り方

1. 米は洗ってざるに上げ30分おく。炊飯器の内釜に米を入れ、2合の目盛りまで水（材料外）を加えて炊く。
2. 鶏肉は筋と余分な脂肪を取り除き、1cm角に切る。ごぼうは皮をこそげ落とし、ささがきにして水にさらし、水気をきる。にんじんは長さ3～4cmの細切りにする。
3. 鍋に**A**を入れ、強めの中火で沸騰させ、**2**を加えて汁気が少なくなるまで混ぜながら煮る。
4. **1**に**3**を汁ごと加え、10分ほど蒸らし、全体を混ぜる。

武蔵裕子

288kcal 0.7g 7分

新ごぼうと牛肉の炊き込みごはん

材 料（5～6人分）

米…1合　もち米…1合　牛肉（こま切れ）…120g
新ごぼう…100g　だし汁（冷めているもの）…約2カップ

A｜酒…大さじ2　しょうゆ…大さじ1　塩…小さじ1/4

細ねぎ（小口切り）…1～2本分

作り方

1. 米ともち米は洗い、1時間以上浸水させてから、ざるに上げる。
2. 牛肉は食べやすい大きさに切る。ごぼうはよく洗い、縦半分に切ってから斜め薄切りにし、水に2～3分さらして水気をきる。
3. 炊飯器の内釜に**1**を入れ、目盛り通りにだし汁を入れる。**A**を加えて軽く混ぜ、**2**の具をのせて、混ぜずに普通に炊く。さっくりと混ぜて器に盛り、細ねぎをのせる。

重信初江

544kcal 1.7g 40分

ジャンバラヤ

材 料（3～4人分）

米…2合　牛もも肉（ステーキ用）…2枚（500g）
たまねぎ…1/2個　ピーマン…3個

A｜塩…小さじ1/4　粗びき黒こしょう…少々

サラダ油…大さじ1と1/3

B｜水…2カップ　トマトピューレ…大さじ4
　コンソメ（顆粒）…小さじ1　塩…小さじ2/3
　チリパウダー（あれば）…小さじ1/2

作り方

1. 米は洗い、ざるに上げる。たまねぎは5mm角に切る。ピーマンは1cm四方に切る。
2. 牛肉に**A**をすり込む。フライパンに油大さじ1を強めの中火で熱し、牛肉を入れ、片面1～2分ずつ、お好みの加減に焼いて取り出し、アルミ箔で包。
3. **2**のフライパンを中火で熱し、たまねぎを炒める。透き通ってきたら米を加えて炒め、米が少し透き通ってきたら**B**を加えて混ぜる。煮立ったら弱火にし、ふたをして12分ほど炊く。火を止め、10分ほど蒸らす。
4. 別のフライパンに油小さじ1を中火で熱し、ピーマンをサッと炒め、炊き上がった**3**に混ぜ、器に盛る。**2**を2cm角に切ってのせる。

鯛めし

材 料（4人分）

米…2合　真鯛（切身）…3切れ　塩…小さじ1/2
酒…大さじ1

A　だし汁…430ml　酒…大さじ1
　　しょうゆ…小さじ1と1/2　塩…小さじ1/2

細ねぎ（小口切り）…3本分

作り方

1. 米は洗って30分ほど浸水させ、水気をきる。鯛は塩、酒をふって10分おき、水気をふく。
2. 炊飯器の内釜に米と**A**を入れて混ぜ、鯛をのせて炊く。
3. 鯛の骨を取り除いて粗くほぐし、全体を軽く混ぜる。器に盛り、細ねぎをちらす。

小林まさみ

ツナとしいたけの炊き込みごはん

材 料（4～5人分）

米…2合　ツナ（缶詰・オイル不使用）…1缶（80g）
生しいたけ…6個　にんじん…3cm
ポン酢しょうゆ…70ml　水…360ml

作り方

1. 米は洗ってざるに上げ、30分ほどおく。
2. しいたけは石づきを取り、薄切りにする。にんじんは長さ3cmの細切りにする。
3. 炊飯器の内釜に米とポン酢しょうゆを入れ、材料の水を注ぐ。
4. にんじん、しいたけ、ツナ（汁ごと）を順に広げて入れ、普通に炊く。

そら豆入りえびピラフ

材 料（2～3人分）

米…2合　むきえび…200g
そら豆（さやをむいたもの）…80g

A｜水…1と1/2カップ　塩…少々

バター…大さじ2　たまねぎ（粗いみじん切り）…1/4個

B｜コンソメ（顆粒）…小さじ1/2
　塩…小さじ1/3　こしょう…少々

作り方

1. 米は1時間ほど前に洗ってざるに上げておく。
2. えびは背わたを取る。鍋にAを入れて沸騰させ、そら豆をゆでる（ゆで汁はとっておく）。
3. 鍋にバターを中火で溶かし、たまねぎを炒める。透き通ってきたらえびを加えて炒め、えびの色が変わったら米を加えて炒める。米が透き通ってやや重たくなってきたら火を止め、あら熱を取る。
4. 炊飯器の内釜に3を入れ、2のゆで汁を加え、水（材料外）を2合の目盛りまで足す。Bを加えて炊く。炊き上がったら、そら豆を加え、全体に混ぜる。

コーンとソーセージの炊き込みピラフ

材 料（2～3人分）

米…2合　ウインナソーセージ…5～6本
ホールコーン…100g　にんじん…1/3本
たまねぎ…1/4個　バター…大さじ1と1/2

A｜水…360ml　コンソメ（顆粒）…小さじ1
　酒…大さじ1　塩…小さじ1/2

パセリ（みじん切り）…少々

作り方

1. 米は洗ってざるに上げる。ソーセージは幅1.5cmに切る。にんじんは1cm角に切る。たまねぎは粗いみじん切りにする。
2. フライパンにバターを中火で溶かし、たまねぎをしんなりするまで炒め、米を加えて少し重たくなるまで炒める。ソーセージ、にんじんを加えて炒め、コーンも加えて炒め合わせる。火を止め、あら熱を取る。
3. 炊飯器の内釜に2を入れ、Aを加えて軽く混ぜ、普通に炊く。
4. 炊き上がったら大きく混ぜ、器に盛ってパセリをふる。

鶏肉とさといもの おこわ

材料（2～3人分）

もち米…1と1/2合
米…1/2合　鶏もも肉…200g
さといも…5個
ぎんなん（水煮）…6～8粒

A
だし汁…180ml強
しょうゆ…大さじ2/3
塩…小さじ1/3

細ねぎ（小口切り）…適量

作り方

1. もち米と米を合わせて洗う。水に1時間つけて、ざるに上げて水気をきり、15分おく。
2. 鶏肉は小さめのひと口大に切る。さといもは皮をむいて幅1cmに切り、塩少々でもんで水洗いする。もう一度くり返し、水気をきる。
3. 炊飯器の内釜に**1**を入れ、**A**を加えて混ぜる。鶏肉、さといも、ぎんなんをのせて炊き、炊き上がったら10分ほど蒸らす。全体を大きく混ぜて器に盛り、細ねぎをちらす。

小林まさみ　372kcal　1.1g　10分

豚肉とれんこんの 豆乳炊き込みごはん

材料（4～5人分）

米…2合　豆乳（無調整）…1カップ
豚バラ肉（薄切り）…150g
れんこん…70g　にんじん…1/2本

A
水…1カップ　酒…大さじ1
しょうゆ…小さじ2
塩…小さじ2/3

細ねぎ（小口切り）…適量

作り方

1. 米は洗ってざるに上げ、30分おく。豚肉は長さ3cmに切る。れんこんは薄いいちょう切りにし、サッと水にさらして水気をきる。にんじんは長さ5cmの細切りにする。
2. 炊飯器の内釜に米を入れ、**A**を加えて混ぜる。豆乳を加えて混ぜ、豚肉、れんこん、にんじんをのせて普通に炊く。
3. 炊き上がったら全体を大きく混ぜて器に盛り、細ねぎをちらす。

小林まさみ　345kcal　1.4g　10分

明太子の 炊き込みごはん

材料（4～5人分）

米…2合　豚バラ肉（薄切り）…100g
明太子…2本（100g）

A
酒…大さじ2
しょうゆ…小さじ1
塩…少々

白いりごま…大さじ1と1/2
細ねぎ（小口切り）…適量
刻みのり…適量

作り方

1. 米は洗って30分ざるに上げる。豚肉は幅1cmに切る。炊飯器の内釜に米を入れて**A**を加え、2合の目盛りまで水を注いで混ぜる。豚肉を広げてのせ、明太子をのせて炊く。
2. しゃもじで明太子をほぐしてから全体を混ぜ、ごま、細ねぎを加えてひと混ぜする。器に盛り、のりをのせる。

小林 まさみ

ツナとしょうがの炊き込みごはん

材 料（4〜6人分）

米…3合
ツナ（缶詰・チャンクタイプ）…1缶
しめじ…1パック
しょうが（せん切り）…2かけ分
酒…大さじ1　しょうゆ…大さじ2
細ねぎ（小口切り）…適量

作り方

1. 米は洗ってざるに上げ、30分おく。ツナは身と汁に分ける。しめじはほぐす。
2. 炊飯器の内釜に米、酒、しょうゆ、ツナの汁を入れ、水を3合の目盛りまで加えて混ぜる。しめじ、ツナ、しょうがを順にのせ、普通に炊く。
3. 炊き上がったら全体を大きく混ぜて器に盛り、細ねぎをちらす。

重信 初江

さつまいもと豚ひき肉の炊き込みごはん

材 料（2人分）

米…2合　豚ひき肉…150g
さつまいも…1/2本（200g）

A 酒…大さじ2
片栗粉、しょうゆ…各小さじ1
塩、こしょう…各少々

B 酒…大さじ2
しょうゆ…大さじ1
塩…小さじ1/3

細ねぎ（小口切り）…適量

作り方

1. 米は洗ってざるに上げ、15分おく。ボウルにひき肉と**A**を入れて練る。さつまいもは皮付きのまま1.5cm角に切り、水にさらす。
2. 炊飯器の内釜に米、**B**を入れ、2合の目盛りまで水（材料外）を加える。**1**のひき肉を小さめのひと口大に丸めながらくっつかないように並べ入れる。さつまいもの水気をきってのせ、炊く。
3. 大きく混ぜて器に盛り、細ねぎをちらす。

藤野 嘉子

ごぼうとえのきの炊き込みごはん

材 料（4人分）

米…2合　ごぼう…15cm
えのきだけ…1/2袋　油揚げ…1枚

A 鍋のつゆ（あごだし味）
…1と1/2カップ
水…1/2カップ

細ねぎ（小口切り）…適量

作り方

1. ごぼうは洗い、ささがきにする。水につけてアクを抜き、ざるにとって水気をきる。えのきだけは根元を切り、長さ2cmに切る。油揚げは細めの短冊切りにする。
2. 米を洗って水気をきり、炊飯器の内釜に入れる。**A**、**1**を加えてひと混ぜし、炊く。器に盛り、細ねぎをちらす。

PART 2

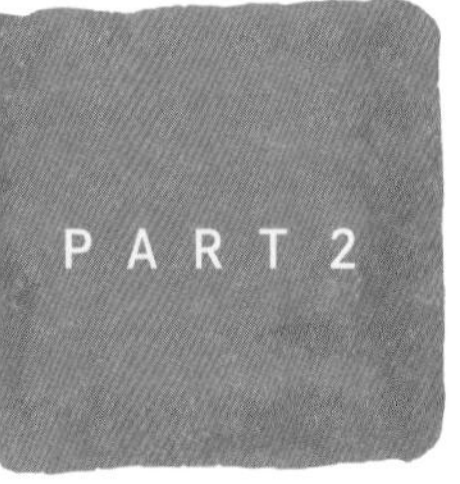

豚肉おかずのとっておき

鶏肉メニューと1、2を争う豊富な豚肉メニューから、かたまり肉を使ったメニューを中心に30品をセレクト。炒めものの豚肉メニューは130ページをチェックしてください。

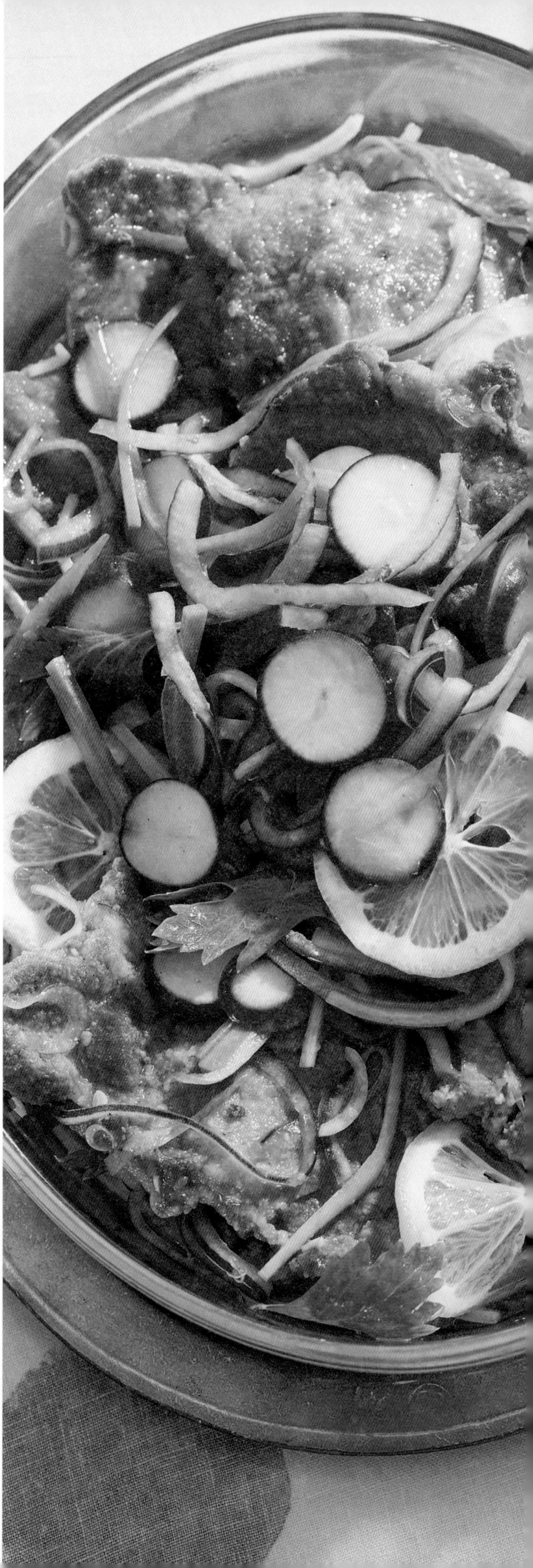

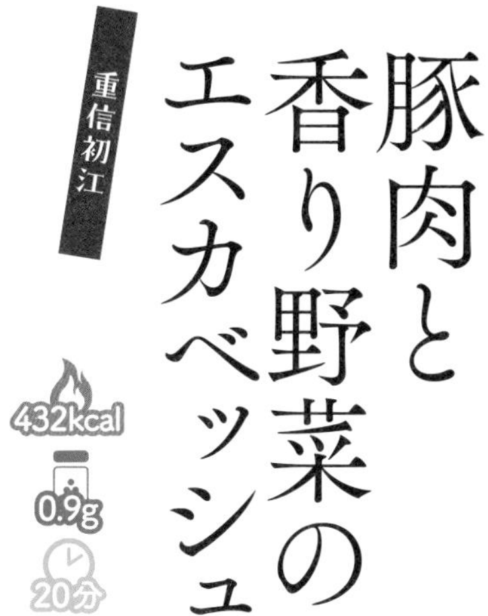

豚肉と香り野菜のエスカベッシュ

重信初江

432kcal　0.9g　20分

材 料（2人分）

豚肩ロース肉（かたまり）…500g
にんじん…1/6本　セロリ…1本
ラディッシュ…4個　紫たまねぎ…1個
レモン…1個　セロリの葉…4〜5枚
サラダ油…大さじ1　白ワイン…1/2カップ

A｜薄力粉…大さじ2　塩、こしょう…各少々
B｜白ワインビネガー（または酢）…1/3カップ
　砂糖…大さじ2　塩…小さじ1/2
　こしょう…少々

作り方

1. にんじん、セロリはせん切り、ラディッシュ、紫たまねぎは薄切りにし、合わせて大きめのボウルに入れる。レモンは半分は薄い輪切りにし、残りはしぼって野菜の入ったボウルに入れる。豚肉は厚さ7〜8mmに切り、Aをまぶす。
2. フライパンに油を中火で熱し、1の豚肉を並べて3分焼き、上下を返して2〜3分焼いて取り出す。
3. 2のフライパンに油が多く残っていたらペーパータオルで吸い取り、白ワインを注ぎ、肉のうまみを木べらなどでこそげるようにして煮立てる。Bを加え、再び煮立ったら熱いうちに1のボウルに入れる。
4. 2の肉を加えてざっくりと混ぜ、輪切りのレモン、ちぎったセロリの葉を加えて混ぜる。すぐに食べられるが、15分以上おくとより味がなじむ。

塩豚と冬野菜のトマトクリーム煮

重信初江

590kcal
1.9g
70分

材 料（4人分）

豚肩ロース肉（かたまり）…500〜550g　たまねぎ…1個　かぶ…小2個
にんじん…小1本　ブロッコリー…100g　マッシュルーム…8個
カットトマト（缶詰）…1缶（400g）　サラダ油…大さじ1　薄力粉…適量
白ワイン…1/2カップ　生クリーム…1/2カップ

A| 塩…大さじ1/2　砂糖…小さじ1
B| 水…2カップ　塩…小さじ1/3　こしょう…少々

作り方

1. 豚肉はAをすり込み、ラップで包み、冷蔵庫に5時間〜ひと晩おく（時間外）。たまねぎは2cm四方に切る。かぶは茎を2cmほど残して葉を落とし、四つ割りにして茎の根元をよく洗う。にんじんは幅1cmの輪切りにし、面取りをする。ブロッコリーは小房に分け、サッとゆでる。
2. 1の豚肉をサッと洗って水気をふき、大きめのひと口大に切る。鍋に油を中火で熱し、豚肉に薄力粉をまぶして入れ、全面に焼き色がつくまで約2分ずつ焼く。たまねぎを加えて2分ほど炒める。
3. マッシュルームを加えて炒め合わせ、白ワインを加え、煮立ったらB、カットトマトを加えて混ぜる。再び煮立ったらふたをして弱火で30分ほど煮る。にんじんを加えて5分、かぶを加えて4分ほど煮る。生クリーム、ブロッコリーを加えて1分ほど煮る。

藤野嘉子

豆腐と豚肉のうま煮

材 料（2人分）

豚肉（しょうが焼き用）…200g　木綿豆腐…1/2丁（150g）
にら…1/2束　しょうが（せん切り）…1かけ分

A
- 鶏がらスープ（顆粒）…小さじ1/3
- オイスターソース…大さじ1　酒…大さじ1
- しょうゆ…大さじ1/2　水…1/2カップ

サラダ油…大さじ2　薄力粉…適量　片栗粉…小さじ1

作り方

1. 豆腐はペーパータオルで包み、10分ほどおいて水気をきり（時間外）、厚さ1cmほどのひと口大に切る。豚肉はひと口大に切る。にらは長さ3cmに切る。Aは混ぜ合わせておく。
2. フライパンに半量の油を中火で熱し、豆腐に薄力粉をまぶしつけて並べる。両面に焼き色がついたら一度取り出す。
3. フライパンに残りの油を足して中火で熱し、しょうがを炒める。香りが出たら豚肉を加えてサッと炒め、豆腐を戻し入れる。Aを加えて5分ほど煮込む。にらを加え、片栗粉を倍量の水で溶いて加え、とろみをつける。

重信初江

ひよこ豆と豚肉のカスレ風煮込み

材 料（3～4人分）

豚肩ロース肉（かたまり）…400g
ひよこ豆（ドライパック）…2袋（110g）
たまねぎ…1個　ベーコン…2枚　オリーブ油…大さじ1/2
白ワイン…1/2カップ

A
- 水…2カップ　コンソメ（顆粒）…小さじ1/2
- 塩…小さじ1/3　こしょう…少々

パセリ（みじん切り）…適量

作り方

1. 豚肉は2.5～3cm角に、たまねぎは2cm四方に切る。ベーコンは幅1cmに切る。
2. フライパンにオリーブ油を中火で熱して豚肉を入れ、全体に焼き色がつくまで2～3分炒める。
3. たまねぎを加えて2～3分炒め、ベーコンも加えて全体になじむまで炒める。白ワインを加えて火を強め、煮汁を少し煮詰める。
4. Aを加え、アクを取りながら弱めの中火で30分ほど煮る。ひよこ豆を加え、さらに5～6分煮る。器に盛り、パセリをちらす。

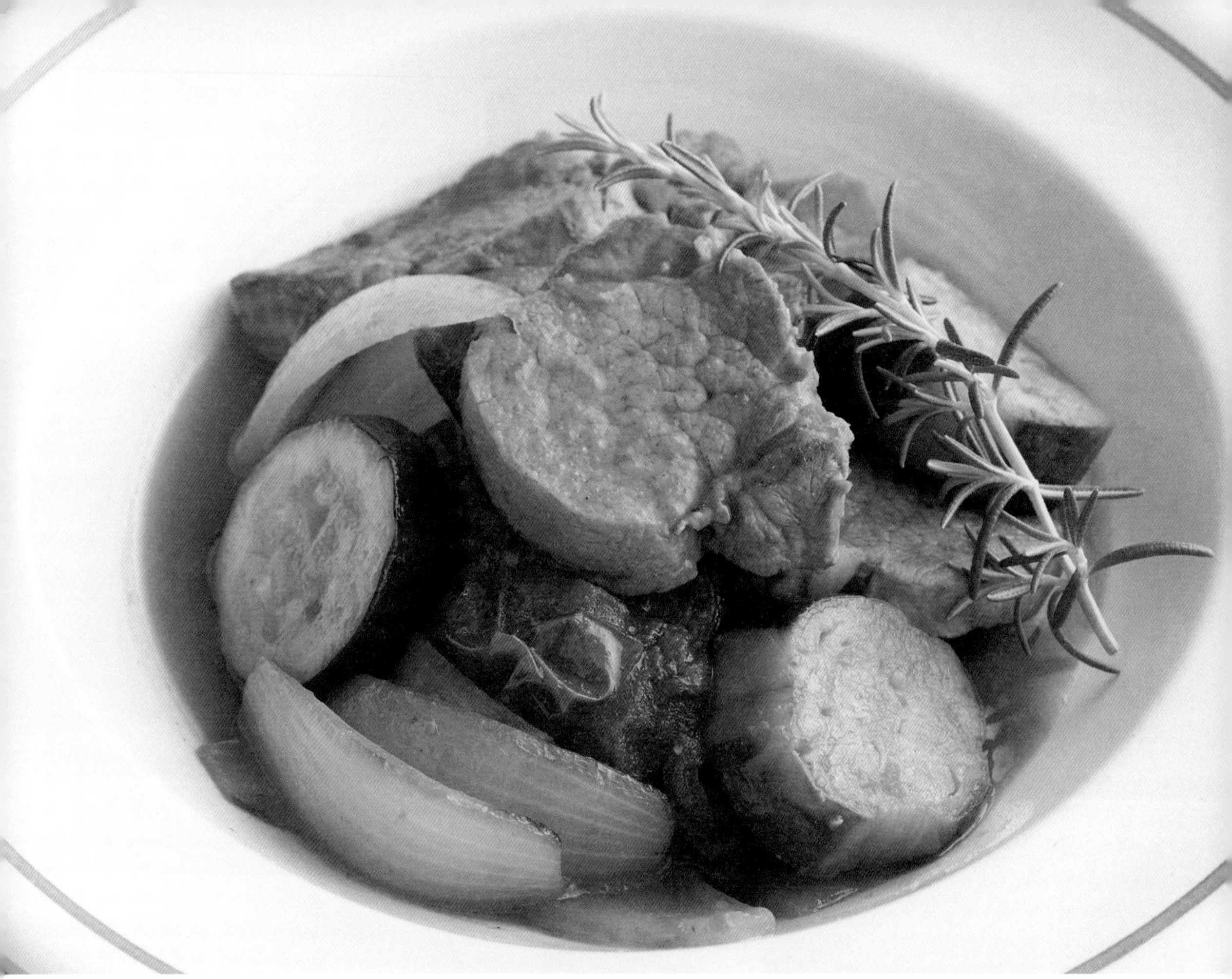

豚肉と夏野菜のバスク風煮込み

藤野嘉子

222kcal
1.2g
30分

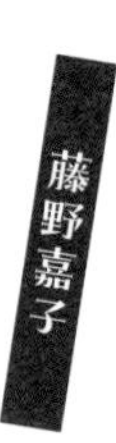

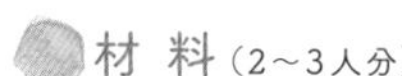

材料（2～3人分）

豚ヒレ肉（かたまり）…200g　ズッキーニ…1本　なす…1本
トマト…1個　たまねぎ…1/2個　にんにく（つぶす）…1かけ分
塩、こしょう…各適量　オリーブ油…大さじ2　白ワイン…1/2カップ
ローズマリー（あれば）…2枝

作り方

1. 豚肉は厚さ1～2cmに切って塩、こしょう各少々をふる。ズッキーニは幅1cmの輪切りにする。なすは皮を縞目にむき、幅1cmの輪切りにして、塩水（材料外）につけてアクを抜き、水気をきる。トマトはざく切りにする。たまねぎはくし形切りにする。
2. 鍋にオリーブ油大さじ1、にんにくを入れて中火で熱し、香りが立ったらズッキーニ、なす、たまねぎを加えて炒める。ふたをして、弱めの中火で5分ほど蒸し焼きにする（途中、こげないように1～2回混ぜる）。トマトを加え、さらに5分蒸し焼きにする。
3. フライパンにオリーブ油大さじ1を中火で熱し、豚肉を入れて1分焼き、返して1分焼く。
4. 3を2の野菜の上にのせ、白ワインと、あればローズマリーを加え、強火で30秒ほど加熱する。ふたをして弱火で10分ほど煮る。塩、こしょう各少々で味をととのえて器に盛り、ローズマリー（材料外）を飾る。

カマンベールチーズの豚肉フライ

材 料（2〜3人分）

豚ロース肉（薄切り）…6枚
カマンベールチーズ…1個（100g）　焼きのり（全形）…1枚
薄力粉、溶き卵、パン粉…各適量　揚げ油…適量

A｜しば漬け（粗いみじん切り）…20g　マヨネーズ…大さじ2

ベビーリーフ…適量

作り方

1. カマンベールチーズは放射状に6等分に切る。のりは6等分の帯状に切る。チーズの側面をのりで巻き、巻き終わりに水をつけて留める。さらに、豚肉で包む。
2. 薄力粉、溶き卵、パン粉を順につけ、もう一度溶き卵とパン粉を順につけて、衣を二重にする。
3. フライパンに揚げ油を深さ2cmほど入れて高温に熱し、2を2分ほど揚げる。
4. 器に盛り、ベビーリーフを添え、Aを混ぜ合わせて添える。

豚肉とキャベツのレッドシチュー

材 料（2〜3人分）

豚肉（カレー用）…200g　キャベツ…4枚　じゃがいも…1個
にんじん…1/2本　たまねぎ…1/2個

A｜水…2と1/2カップ　トマトケチャップ…大さじ2
　｜コンソメ（顆粒）…小さじ1　塩…小さじ1/4
　｜こしょう…少々

バター、パセリ（みじん切り）…各適量

作り方

1. キャベツはざく切りにする。じゃがいも、にんじんはひと口大に切る。たまねぎは幅5mmに切る。
2. 鍋にAを入れて中火で煮立て、豚肉を加える。アクを取り、15分ほど煮る。
3. じゃがいも、にんじん、たまねぎを加え、じゃがいもにほぼ火が通るまで7〜8分煮る。キャベツを加え、しんなりしたら火を止める。
4. 器に盛り、バターをのせてパセリをふる。

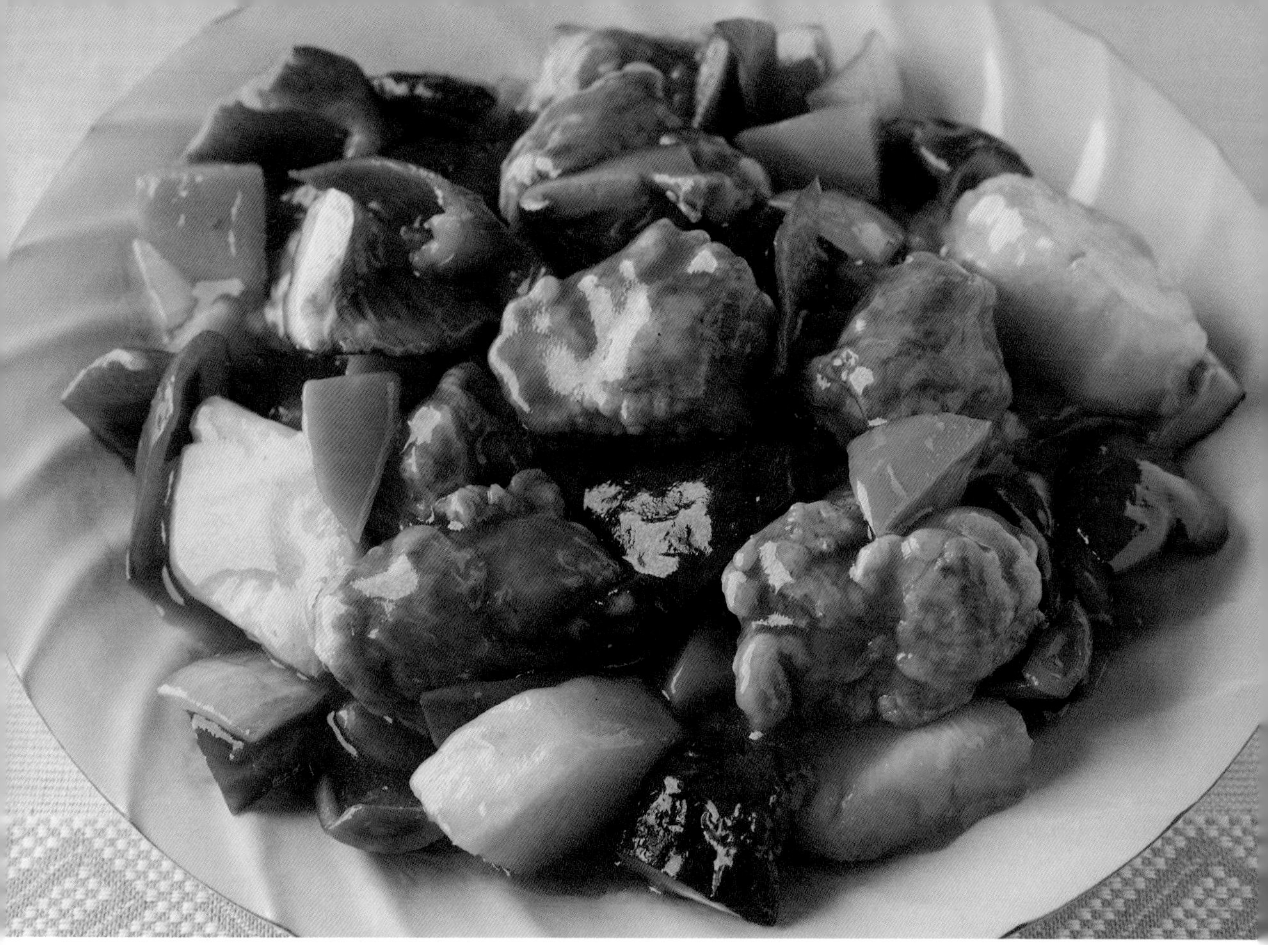

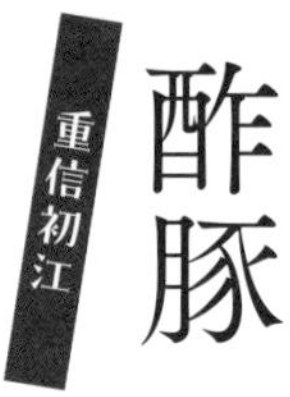

酢豚

重信初江

533kcal
2.7g
35分

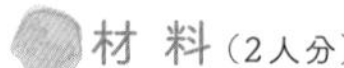

材 料（2人分）

豚もも肉（角切り）…200g　干ししいたけ…3個　たまねぎ…1/2個
にんじん…1/3本　ピーマン…2個　パイナップル…120g
揚げ油…適量　サラダ油…大さじ1/2　トマトケチャップ…大さじ2
ごま油…小さじ1/2

A｜酒…大さじ1　しょうゆ…小さじ1　砂糖、塩、こしょう…各少々
B｜溶き卵…1個分　薄力粉…大さじ2　片栗粉…大さじ1
C｜にんにく（すりおろし）…小さじ1/3　水…3/4カップ　酢…大さじ2
　片栗粉、しょうゆ…各大さじ1　砂糖…大さじ1/2　塩…少々

作り方

1. 干ししいたけはかぶるくらいの水につけて冷蔵庫でひと晩おいて戻し、石づきを取って四つ割りにする。たまねぎは2cm角、にんじんは小さめの乱切り、ピーマンは乱切りにする。パイナップルはひと口大に切る。ボウルに豚肉を入れ、Aを加えてもみ、15分ほどおく（時間外）。汁気を取ってBを加えてもむ。Cは混ぜる。
2. 揚げ油を低温に熱し、たまねぎとにんじんを2分ほど揚げ、ピーマンを加えてひと混ぜし、取り出す。中温にして豚肉を入れ、時々返しながら2〜3分揚げて取り出す。
3. フライパンに油、ケチャップを入れて中火で熱し、Cを再び混ぜて加える。しいたけを加え、混ぜながら煮立て、とろみをつける。
4. 2、パイナップルを加え、再び煮立ったらごま油を回し入れる。

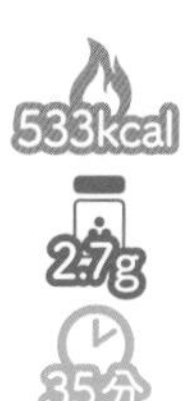

武蔵裕子

515kcal　1.1g　50分

豚肉とりんごの洋風煮込み

材 料（2～3人分）

豚肩ロース肉（かたまり）…500g　りんご…1個
塩、こしょう…各少々　サラダ油…小さじ1
赤ワイン…1/4カップ　イタリアンパセリ…適量

A｜水…1カップ　コンソメ（顆粒）…小さじ1/2
B｜トマトケチャップ、中濃ソース…各大さじ1

作り方

1. 豚肉は塩、こしょうをもみ込む。りんごはよく洗い、皮付きのまま幅7～8mmのいちょう切りにする。
2. 鍋に油と豚肉を入れて中火にかけ、転がしながら全面を2分ほどかけて焼きつける。Aとりんごを加えて強火にし、アクを取る。赤ワインを加えて煮立て、ふたを少しずらしてかぶせ、弱火で30分ほど煮込む（途中で一度豚肉を返す）。
3. Bを加え、ふたをせずに中火で10分煮る。豚肉を食べやすい大きさに切って器に盛り、りんごをのせる。鍋に残ったソースをかけ、イタリアンパセリを添える。

スペアリブのナッツ焼き

材 料（3～4人分）

スペアリブ…8本（650g）　ミックスナッツ…50g
さつまいも…1/2本　パプリカ（赤・黄）…各1/2個

A｜しょうが（すりおろし）…小さじ1
　｜にんにく（すりおろし）…小さじ1/2
　｜しょうゆ…大さじ2
　｜はちみつ…大さじ1
　｜粒マスタード…小さじ1
　｜塩、こしょう…各少々

作り方

1. ボウルにAを混ぜ合わせ、スペアリブを加えてもみ、1時間おく（時間外）。さつまいもは皮付きのまま厚さ1cmの輪切りに、パプリカは縦6等分に切る。
2. ミックスナッツは粗く刻み、スペアリブにまぶして軽く押さえる。
3. オーブンの天板にオーブンシートを敷き、2と1の野菜を並べ、180℃に予熱したオーブンで20～25分焼く（時間外）。途中ナッツがこげてきたらアルミ箔で覆い、野菜が焼けたら先に取り出す。

しっとりチャーシュー

小林まさみ

286kcal
2.5g
25分

材 料（4〜5人分）

豚肩ロース肉（かたまり）…300〜350g

A｜長ねぎ（青い部分）…1本分　にんにく（つぶす）…1かけ分
　｜しょうが汁…大さじ1　しょうゆ、酒…各1/3カップ　砂糖…大さじ3

サラダ油…大さじ1　ゆで卵…4個
きゅうり（ピーラーで薄切りにし、水にさらす）…1本分
長ねぎ（白い部分をせん切り）…適量

作り方

1. 豚肉は30分室温におく（時間外）。水気をふき、表面を包丁の先で数ヵ所つく。耐熱のポリ袋に入れ、Aを加えて袋の上からもむ。
2. フライパンに油を強めの中火で熱し、豚肉を転がしながら5〜6分かけて全面を焼く。1の袋に戻してもみ、空気を抜いて袋の口をとじ、30分おく（時間外）。
3. 鍋に2Lの湯を沸騰させて火を止め、2を袋ごと沈め、ふたをしてそのまま40分おく（時間外）。
4. フライパンをきれいにして袋の中身をあけ、ゆで卵を加え、強めの中火にかける。時々肉を返しながら4分ほど、汁にとろみがつくまで煮る。火を止め、2〜3分おいて落ち着かせる。
5. 豚肉は厚さ5mmに、卵は半分に切る。きゅうり、長ねぎとともに盛り、煮汁をかける。

豚肉のステーキ

材 料（2人分）

豚ロース肉（とんかつ用）…2枚　さつまいも…1/2本
にんにく（薄切り）…1かけ分　塩、こしょう…各少々
サラダ油…少々　バター…大さじ1
ポン酢しょうゆ…大さじ1～2　水菜（あれば）…適量

作り方

1. 豚肉は筋を切り、塩、こしょうをふる。さつまいもはよく洗って、皮つきのまま長さ4～5cmの棒状に切り、水に5分ほどさらして水気をきる。
2. フライパンに油、バター、にんにくを入れて弱火にかける。にんにくがカリカリになったら取り出す。
3. 2のフライパンに豚肉を入れ、空いているところにさつまいもも加えて焼く。2分ほどしたら肉を返し、弱めの中火にしてさらに2～3分焼く。さつまいもも同様に返しながら全面を焼き、肉とともに器に取り出す。
4. 2のにんにくとポン酢しょうゆを混ぜ合わせて3の肉にかけ、あれば水菜を添える。

豚のから揚げ すだちごまだれ

材 料（2人分）

豚薄切り肉（しょうが焼き用）…200g　水菜…1株
にんじん…1/4本　麺つゆ（3倍濃縮）…大さじ2
薄力粉…適量　サラダ油…大さじ3～4

A｜すだちのしぼり汁…大さじ2（2～3個分）
　｜麺つゆ（3倍濃縮）…大さじ2　白すりごま…大さじ1

作り方

1. 豚肉は半分に切り、麺つゆに漬けて10～15分おき（時間外）、汁気をきって薄力粉を薄くまぶす。水菜は長さ3cmに切る。にんじんはせん切りにし、塩少々（材料外）をふって軽くもむ。Aの材料を混ぜる。
2. フライパンに油を中火で熱し、1の豚肉を並べ入れ、返しながら2～3分かけて揚げ焼きにする。
3. 器に盛り、Aをかけ、水菜、にんじんを添える。

塩豚

材 料（3～4人分）

豚肩ロース肉（かたまり）…400～450g
きゅうり（せん切り）…1本分　にんじん（せん切り）…1/2本分
塩、砂糖…各小さじ1

A 酢…大さじ2　しょうゆ…大さじ1　ごま油…小さじ1
砂糖、トーバンジャン…各小さじ1/2
白すりごま…大さじ1/2
B 梅肉…1個分　トマトケチャップ…大さじ1と1/2
オリーブ油…小さじ1

作り方

1. 豚肉に砂糖、塩を順にしっかりすり込む。ペーパータオルで包み、ポリ袋に入れ、冷蔵庫に1～2日おく（時間外）。
2. ペーパータオルを取って鍋に入れ、かぶるくらいの水を加え、強火にかける。煮立ったら弱火にし、ふたをして30～40分ゆでる（途中、1～2回返す）。火を止め、そのまま冷めるまでおく。
3. 2を食べやすく切り、きゅうり、にんじんと盛り合わせる。A、Bをそれぞれ混ぜてソースを作り、添える。

豚肉の松風焼き

材 料（15×15cm　2～3人分）

豚ひき肉…250g　たまねぎ（みじん切り）…1/2個分

A 卵…1/2個　パン粉…1/2カップ　みそ…大さじ1
砂糖…小さじ2　しょうゆ…小さじ1
B 白いりごま…大さじ1/2　黒いりごま…小さじ1/2

南天の葉（あれば）…適量

作り方

1. オーブントースターの天板にアルミ箔を敷く。ボウルにひき肉、たまねぎ、Aを入れ、ねばりが出るまでよく混ぜる。アルミ箔の上に15cm四方に広げ、Bを混ぜ合わせて全体にふり、軽く手で押さえる。
2. オーブントースターに1を入れ、15～20分焼く（途中様子を見て、焦げそうならアルミ箔をかぶせる）。
3. 天板ごと取り出し、さわれるようになるまでよく冷ます。アルミ箔をはずし、9等分に切る。南天の葉とともに器に盛る。

武蔵裕子

482kcal　0.9g　15分

スナップエンドウの肉巻きフライ

材 料（2人分）

豚ロース肉（しゃぶしゃぶ用）…6枚（150g）
スナップエンドウ…12本　塩、こしょう…各少々

A｜溶き卵…1個分　薄力粉…大さじ3　水…大さじ1
B｜きゅうり（みじん切り）…1/4本分
　｜プレーンヨーグルト（無糖）…大さじ1と1/2
　｜マヨネーズ…大さじ1/2　塩、こしょう…各少々

パン粉…適量　揚げ油…適量

作り方

1. A、Bはそれぞれ混ぜ合わせておく。
2. スナップエンドウは筋を取る。豚肉に塩、こしょうをふり、豚肉1枚につきスナップエンドウを2本ずつのせてくるくると巻く。Aにくぐらせ、パン粉をつける。
3. フライパンに揚げ油を入れて中温に熱し、2を3～4分揚げる。油をきって斜め半分に切り、器に盛ってBをかける。

重信初江

441kcal　1.6g　25分

豚肉の辛みそ焼き

材 料（2人分）

豚ロース肉（とんかつ用）…2枚　さつまいも…1/3本
パプリカ（赤）…1/2個　しめじ…1/2パック
サラダ油…大さじ1

A｜みそ、みりん…各大さじ1　コチュジャン…大さじ1/2

作り方

1. バットにAを混ぜて豚肉を入れ、時々返しながら室温で30分～1時間漬ける（時間外）。さつまいもは皮付きのまま幅1cmの輪切りにする。パプリカは乱切りにする。しめじは小房に分ける。
2. フライパンに油大さじ1/2を中火で熱し、パプリカ、しめじを2分ほど炒め、器に盛る。
3. 2のフライパンに油大さじ1/2を熱し、豚肉をみそを軽くぬぐって並べ、すき間にさつまいもを入れる。ふたをして弱火で7～8分焼き、返して2～3分焼く（焦げやすいので火加減に注意）。2の器に盛る。

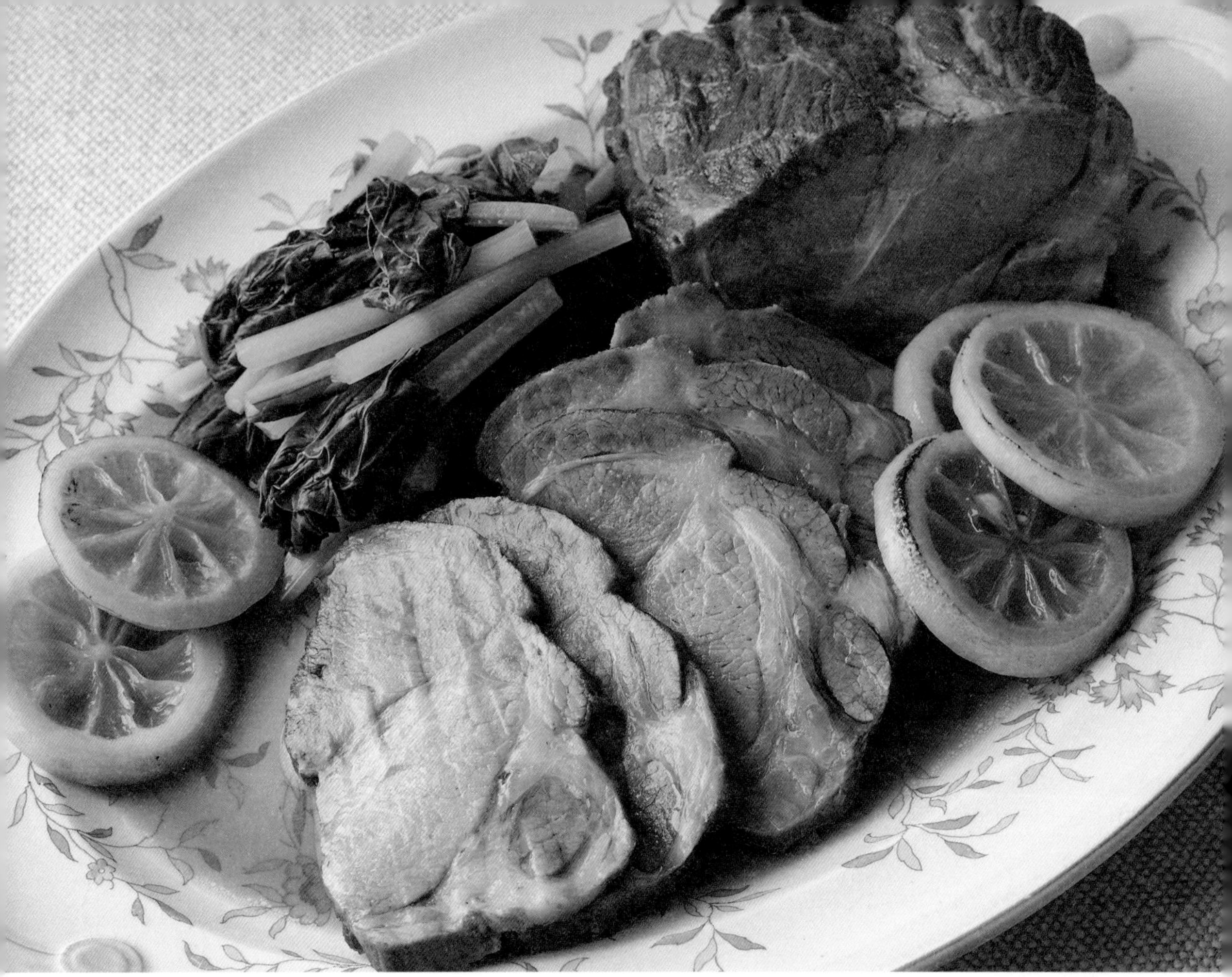

はちみつレモン煮豚

重信初江

426kcal
3.1g
60分

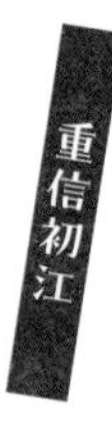

材料（4人分）

豚肩ロース肉（かたまり）…1本（約500g）　レモン…1個
サラダ油…小さじ1

A 水…2と1/2カップ　酒…1/2カップ　しょうゆ…大さじ4
はちみつ…大さじ3　塩…小さじ1/4

小松菜…1/2束

作り方

1. レモンは幅1cmの輪切りにし、種を取り除く。
2. フライパンに油を中火で熱し、豚肉とレモンを入れる。豚肉は、転がしながら表面に焼き色がつくまで4〜5分、強めの中火で焼く。レモンは焼き色がついたら取り出す。
3. 鍋にAを入れてはちみつを溶かし、豚肉とレモンを加え、中火にかける。煮立ったらアクを取り、弱火にして5分煮たらレモンを取り出し、20分煮る。
4. 豚肉の上下を返し、さらに20〜25分煮る。竹串を刺して透き通った汁が出てきたら火を止め、煮汁につけたまま冷ます。
5. 豚肉を取り出して、食べやすい厚さに切る。小松菜は長さ4〜5cmに切り、4の煮汁でサッと煮る。器に豚肉、小松菜、レモンを盛り合わせ、煮汁をかける。

藤野嘉子

豚の角煮

材 料（3～4人分）

豚バラ肉（かたまり）…600g　塩…少々　水…5カップ
酒…1/2カップ

A｜しょうゆ…大さじ3　黒砂糖…35g　砂糖…大さじ2

ゆで卵…4個

作り方

1. 豚肉は6等分に切り、軽く塩をふる。
2. 鍋（直径約20cm）に豚肉、材料の水を入れて火にかけ、沸騰したらアクを取る。酒を加え、ふたをして弱火で1時間～1時間30分ゆでる（時間外）。途中、肉の表面より水が少なくなったら、ひたひたになるくらいに水を足す。
3. 竹串を刺し、スッと通ったらAを順に加え、ゆで卵も加え、ふたをして1時間煮る。そのまま冷まし（時間外）、脂が白く固まったら取り除く。
4. 器に豚肉と半分に切った卵を盛り、煮汁をかける（煮汁がサラッとしているようなら、強火で煮詰めてからかける）。

白菜と豚バラのトロトロ煮

材 料（4人分）

豚バラ肉（かたまり）…400g　ウインナソーセージ…200g
白菜…1/2個　塩…小さじ1/3　こしょう…少々
にんにく（縦半分に切る）…2かけ分　白ワイン…1カップ

A｜水…2カップ　塩…小さじ1/2　黒こしょう…少々

作り方

1. 豚肉は4～5cm角に切って塩、こしょうをすり込む。白菜は芯をつけたまま縦半分に切る。
2. フライパンに豚肉の脂身を下にして入れ、強めの中火にかけ、脂が出て焼き色がつくまで2～3分焼く。転がしながら全体に焼き色がつくまでさらに3～4分焼き、取り出す。
3. 2のフライパンに白菜を入れ、残った脂で全体に軽く焼き色がつくまで焼く。
4. 2、3を鍋に移し、にんにくと白ワインを加えて中火にかけ、煮立てる。Aを加え、再び煮立ったらアクを取り、ふたをして20分煮る。ソーセージを加え、5分ほど煮る。

秋のポットロースト

材 料（4人分）

豚肩ロース肉（かたまり）…500g　たまねぎ…2個
りんご…1個　エリンギ…100g　しめじ…100g
まいたけ…100g　さつまいも…200g　にんにく…5かけ
ローズマリー…3本　オリーブ油…大さじ1と1/2
白ワイン…1カップ　塩、こしょう…各適量

作り方

1. 豚肉は塩小さじ1/2、こしょう少々をすり込み、15分ほどおく。たまねぎ、りんごは8等分のくし形切りにする。エリンギは長さを半分に切り、縦に2～3等分に切る。しめじ、まいたけは大きめにほぐす。さつまいもは皮付きのまま、幅7～8mmの輪切りにする。
2. 厚手の鍋にオリーブ油大さじ1を強めの中火で熱し、豚肉全体に焼き色がつくまで3～4分焼いて取り出す。続いてたまねぎ、にんにくを入れ、豚肉をのせ、白ワインを回しかける。ローズマリーをのせてふたをし、弱めの中火で30分ほど蒸し焼きにする。りんご、さつまいもを加えてさらに10分ほど蒸し焼きにする。
3. フライパンにオリーブ油大さじ1/2を中火で熱し、きのこ（3種）を2分ほど炒める。塩小さじ1/3、こしょうで調味し、2の鍋に加え、弱火で2～3分蒸し焼きにする。

ポークソテー ハニーマスタードソース

材 料（2人分）

豚ヒレ肉…250g　塩、こしょう…各少々

A　粒マスタード…大さじ2と1/2
　はちみつ…大さじ1と1/2

サラダ油…大さじ1/2　ベビーリーフ…適量
ミニトマト（半分に切る）…5～6個分
アボカド（幅1cmに切る）…1/2個分

作り方

1. 豚肉は幅1cmに切り、断面を上にして並べ、こぶしで軽くたたいてのばし、塩、こしょうをふる。Aは混ぜる。
2. フライパンに油を弱めの中火で熱して豚肉を並べ、片面2分ずつ、カリッとするまで焼く。
3. 器に盛り、Aをかける。ベビーリーフ、ミニトマト、アボカドを添える。

小林まさみ

15分

アップルポークチャップ

材 料（2人分）

豚ロース肉（とんかつ用）…2枚　りんご…1/6個

A｜にんにく（すりおろし）…少々
トマトケチャップ…大さじ1と1/2
しょうゆ…大さじ1/2　酢…小さじ1
ウスターソース…小さじ2/3

塩、こしょう…各少々　薄力粉…適量
サラダ油…大さじ1/2　サラダ菜、ミニトマト…各適量

作り方

1. 豚肉は室温に15分おき（時間外）、両面を筋切りする。ラップをかけて麺棒でたたき、ひと回り大きくのばす。
2. りんごは塩適量で皮をこすり洗いし、皮付きのまますりおろし、Aと混ぜる。
3. 豚肉に塩、こしょうをふり、薄力粉をまぶす。フライパンに油を強めの中火で熱して豚肉を2分ほど焼き、返して1分ほど焼く。火を止めてフライパンの油をふき、2を加える。強めの中火にかけ、豚肉を返しながらソースをからめる。
4. 器にサラダ菜を敷き、豚肉を食べやすく切って盛り、ミニトマトを添える。

武蔵裕子

豚肉ロールの照り焼き

材 料（2人分）

豚バラ肉（薄切り）…250g　ほうれん草…1/2束
にんじん…1/3本　薄力粉…適量
サラダ油…大さじ1/2

A｜しょうゆ、みりん…各大さじ2　砂糖…大さじ1/2

作り方

1. ほうれん草はラップで包み、電子レンジで1分30秒加熱する。水にさらして水気をしぼり、3等分に切る。にんじんはせん切りにし、電子レンジで30〜40秒加熱する。Aは混ぜる。
2. ラップを大きめに切ってまな板に広げ、豚肉をパックに入っている状態のまま取り出し、縦長に広げる。手前を2cmほど空けてにんじん、ほうれん草を順にのせ、端からきつく巻く。ラップを取って両端の肉を折り込み、全体に薄力粉をまぶす。
3. フライパンに油を中火で熱し、2を巻き終わりを下にして入れ、弱火で焼く。焼き固まったら弱めの中火にし、転がしながら2〜3分焼く。ふたをして弱火で7〜8分蒸し焼きにする。
4. 中火にしてAを加え、手早くからめる。あら熱が取れたら食べやすい大きさに切って器に盛り、たれをかける。

392kcal 2.1g 20分

豚肉の竜田揚げ ゆずマヨソース

材 料（2～3人分）

豚ロース肉（薄切り）…8枚

A しょうが汁…小さじ1
酒、しょうゆ…各大さじ1

大根…5cm
かいわれ菜…1/2パック
塩…少々
サラダ油…大さじ4～5
片栗粉…適量

B ゆずの皮（みじん切り）…大さじ1
マヨネーズ…大さじ2
牛乳…大さじ1
砂糖…小さじ1

作り方

1. 豚肉はAに5分漬けて下味をつける。Bは混ぜ合わせる。
2. 大根は細切りにし、かいわれ菜は根元を切り、ボウルに入れる。塩をふってもみ、しばらくおいてから、水気をしぼる。
3. フライパンに油を入れて中温に熱し、豚肉に片栗粉を薄くまぶしつけ、肉を広げ入れる。上下を返しながら2～3分、カリッと揚げ焼きにする。器に盛り、Bをかけ、2を添える。

427kcal 1.3g 10分

ポークステーキ アンチョビソース

材 料（2人分）

豚ロース肉（とんかつ用）…2枚
アンチョビ（粗く切る）…2切れ分
塩、こしょう…各少々
サラダ油…小さじ1
バター…大さじ2
にんにく（みじん切り）…2かけ分
バジルの葉（刻む）…1枝分
ベビーリーフ…適量
ミニトマト…4個

作り方

1. 豚肉は2cm角に切り、塩、こしょうをふる。
2. フライパンに油を入れて中火で熱し、豚肉を転がしながら2～3分かけて焼く。全体がこんがりと焼けたら、取り出す。
3. フライパンにバターを入れて、にんにく、アンチョビを弱火で炒める。アンチョビがなじんだら、バジルの葉を加え、豚肉を戻し入れてからめる。
4. 器に盛り、ベビーリーフとミニトマトを添える。

525kcal 2.6g 20分

肉巻き卵の照り焼き

材 料（2人分）

豚ロース肉（薄切り）
…200g（8～12枚）
ゆで卵（8分ゆで）…4個
薄力粉…少々

A しょうゆ、酒、みりん
…各大さじ1と1/2
砂糖…大さじ1/2

サラダ油…大さじ1/2
サラダ菜、ミニトマト…各適量

作り方

1. ゆで卵は薄力粉をまぶし、豚肉を巻く（肉の厚みを均一にしてゆで卵が見えなくなるように巻く）。
2. Aは混ぜる。
3. フライパンに油を中火で熱し、1を入れてふたをし、時々転がしながら表面に焼き色がつくまで8分ほど焼く。2を加え、汁気がなくなるまでからめる。
4. 器にサラダ菜を敷いて3を盛り、ミニトマトを添える。

398kcal 1.0g 45分

ゆで豚

材 料（4人分）

豚バラ肉（かたまり）…400g

A 水…5〜6カップ
酒…1/3カップ
みそ…大さじ2

長ねぎ…1本

B ごま油…小さじ1
塩、一味唐辛子…各少々

サニーレタス…1個
白菜キムチ…150g

作り方

1. 鍋にA、豚肉を入れて中火にかけ、煮立ったらアクを取り、弱火で40分ほど煮る。火を止め、そのまま15分ほどおく（時間外）。
2. 長ねぎは長さ5cmに切り、縦に1本切り目を入れて芯を取り、せん切りにし、Bを混ぜる。
3. 1 を幅7〜8mmに切って器に盛り、2とサニーレタス、キムチを添える。サニーレタスで包んで食べる。

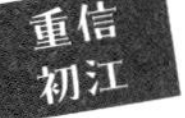

536kcal 1.9g 30分

スペアリブのはちみつ生姜煮

材 料（2〜3人分）

豚スペアリブ…6本（500g）
たまねぎ…1個
しょうが（薄切り）…2かけ分

A 酒…大さじ2
しょうゆ…大さじ2
はちみつ…大さじ1
水…1と1/2カップ

粗びき黒こしょう…少々

作り方

1. たまねぎは芯をつけたまま4等分に切る。
2. フライパンにスペアリブを脂身を下にして並べ、中火にかける。2分ほど脂が出てくるまで焼いたら、焼く面を変えながらさらに3〜4分焼く。
3. 全体に焼き色がついたら余分な脂をペーパータオルでふきとり、たまねぎ、しょうが、Aを入れて落としぶたをし、弱めの中火で15分ほど煮る。
4. ふたを取り、火をやや強めて2〜3分、煮汁が少し残るくらいまで煮詰める。器に盛り、黒こしょうをふる。

616kcal 1.0g 15分

塩豚のハーブソテー

材 料（2人分）

豚バラ肉（焼き肉用）…300g
塩…小さじ1/3　こしょう…少々
タイム、オレガノ（各ドライ）
…各小さじ1/2
サラダ油…小さじ1
ベビーリーフ…1/2袋
ラディッシュ（薄切り）…3個分

作り方

1. 豚肉は両面に塩、こしょうをすり込み、タイム、オレガノをからめ、冷蔵庫に2時間以上おく（時間外）。冷蔵庫から取り出して20分ほど室温におく（時間外）。
2. フライパンに油を強めの中火で熱し、豚肉を入れ、へらで押さえながら両面を4〜5分かけて焼く。
3. 器に盛り、ベビーリーフとラディッシュを混ぜて添える。

食卓を華やかに彩る

サラダセレクション

おかずにもなるサラダを中心に20品をセレクト。ヘルシーに済ませたいときなど、164ページからの汁もののメニューと合わせてどうぞ。

小林まさみ

230kcal　1.2g　10分

ほたてのおかずサラダ

材料（2人分）

ほたて貝柱（刺身用）…4～5個　かぶ…2個
柿（種なし）…1個　オリーブ油…大さじ1/2
サニーレタス…5枚

A 酢…小さじ2
しょうゆ、粒マスタード…各小さじ1と1/2
塩、こしょう…各少々
オリーブ油…大さじ1と1/2

作り方

1. かぶは幅5mmの半月切りにする。柿は皮をむいて幅5mmの半月切りにする。
2. フライパンにオリーブ油を強火で熱し、ほたてを並べ、両面をサッと焼き、取り出す。あら熱が取れたら、厚みを半分に切る。
3. ボウルにオリーブ油以外の**A**を入れて混ぜ、オリーブ油を少しずつ加えて混ぜ、ドレッシングを作る。
4. サニーレタスをちぎって器に敷き、かぶ、柿、ほたてをのせ、**3**をかける。

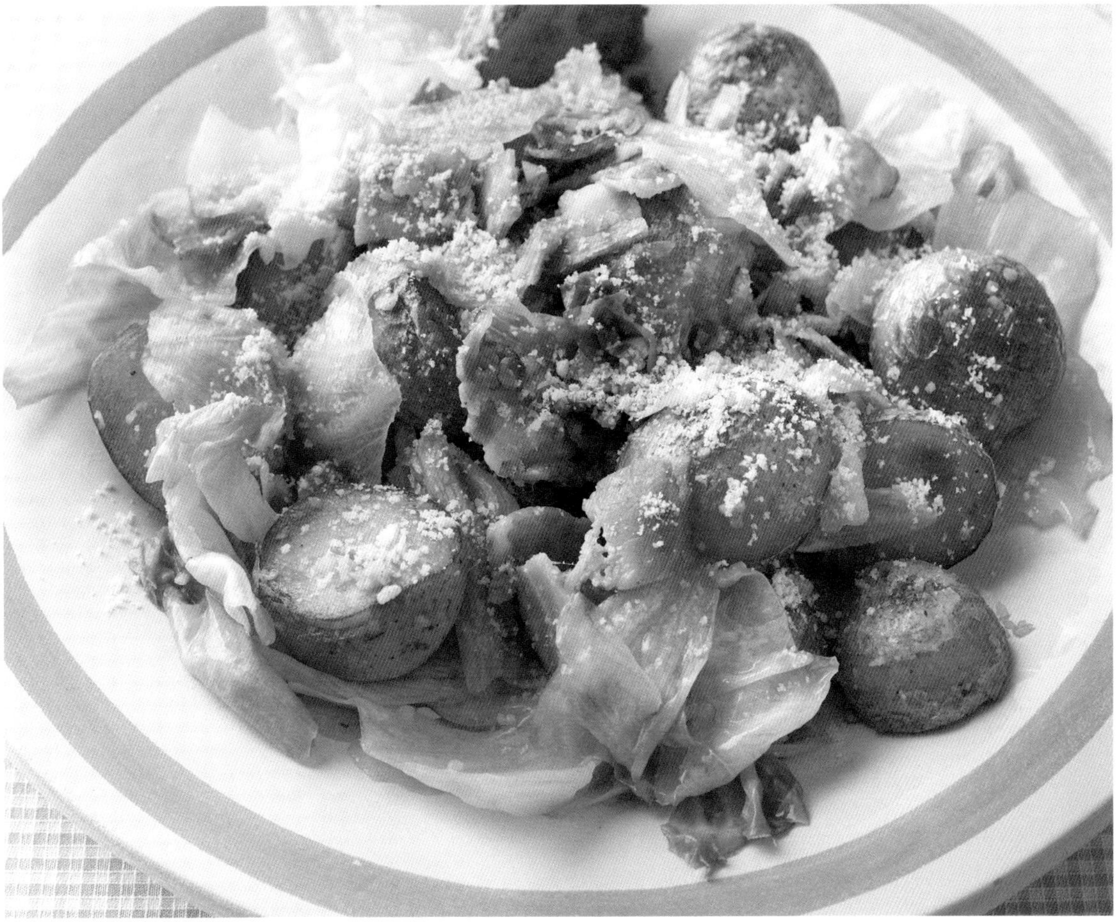

新じゃがとベーコンのホットサラダ

小林まさみ

420kcal
1.3g
15分

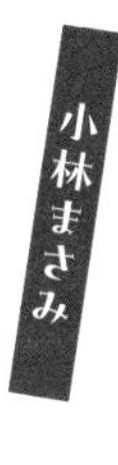

材料（2人分）

新じゃがいも…小10個（370g）　ベーコン（幅2〜3cmに切る）…4枚分
にんにく（みじん切り）…大さじ1　レタス（ちぎる）…3枚分
オリーブ油…大さじ1と1/2　塩、こしょう…各少々
粉チーズ…大さじ3

作り方

1. じゃがいもは皮付きのまま半分に切り、サッと水にくぐらせる。耐熱の皿に入れ、ふんわりラップをかけて電子レンジで4〜5分加熱する（竹串がスッと通るまで）。あら熱を取り、水気をふく。
2. フライパンにオリーブ油を強めの中火で熱し、1を3〜4分、軽く色づくまで炒める。
3. ベーコン、にんにくを加えて炒め、香りが立ったら塩、こしょう、粉チーズを加えて全体にからめる。レタスを加えてサッと炒める。
4. 器に盛り、粉チーズ少々（材料外）をふる。

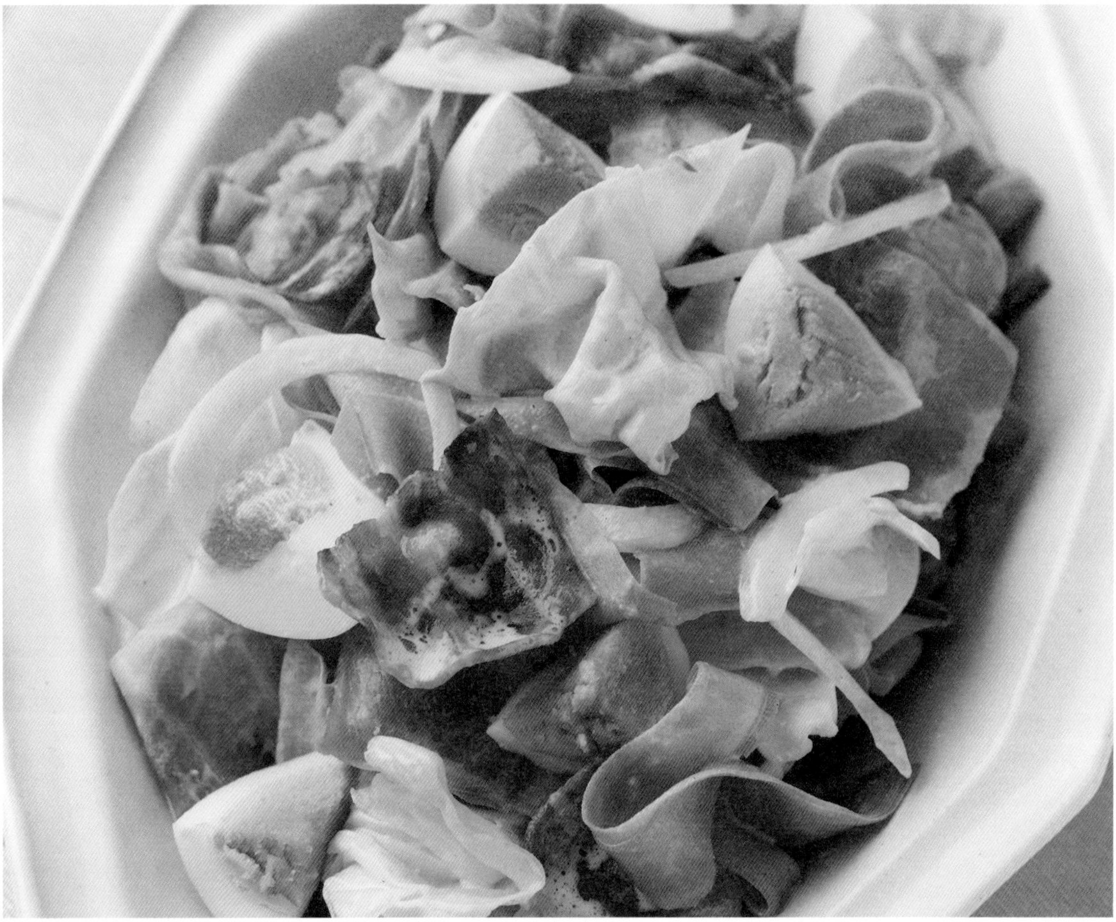

春キャベツのデリサラダ

重信初江

222kcal
1.1g
15分

材料（3～4人分）

春キャベツ…200g　にんじん…1本　新たまねぎ…1/2個（80g）
ゆで卵…3個　ベーコン…4枚　塩…小さじ1/4　オリーブ油…小さじ1

A マヨネーズ…大さじ3　レモン汁…大さじ1　塩…小さじ1/4
こしょう…少々

作り方

1. にんじんはピーラーでリボン状に削り、ボウルに入れ、塩をまぶして5分ほどおいてから軽く水気をしぼる。キャベツは大きめのひと口大にちぎる。たまねぎは縦に薄切りにする。
2. ベーコンは6等分に切る。フライパンにオリーブ油を強めの中火で熱し、ベーコンを並べて1分ほど、返して1分ほど焼いて脂をきる。
3. 大きめのボウルに**A**を入れて混ぜ、**1**を加えてあえる。**2**、ゆで卵をひと口大に切って加え、サッとあえる。

カリカリチキンのごちそうサラダ

ほりえさわこ

505kcal
2.3g
20分

材 料（2人分）

鶏もも肉…1枚　お好みの葉野菜…3〜4枚　ミニトマト…5個
パプリカ（黄）…1/4個　マッシュルーム…4個　塩…小さじ1/2
こしょう…少々　オリーブ油…大さじ1　にんにく（薄切り）…1かけ分
ローズマリー…1枝

A レモン汁、オリーブ油…各大さじ2　粒マスタード、水…各大さじ1
はちみつ…大さじ1/2　塩…小さじ1/2弱

作り方

1. 鶏肉は余分な脂肪を取り除き、塩をまぶして5分ほどおく。身の方に、幅1〜2cmの切り目を入れ、こしょうをふる。野菜は食べやすく切る。
2. フライパンにオリーブ油、にんにくを弱火で熱し、香りが立ったら中火にしてローズマリーを加え、香りを移したらローズマリーを取り出す。鶏肉の水気をペーパータオルでふき、皮目を下にして入れ、ふたをして8分ほど焼き、返してふたをせずに2分焼く。
3. 野菜を盛り合わせ、鶏肉をひと口大に切ってのせ、**A**を混ぜてかける。

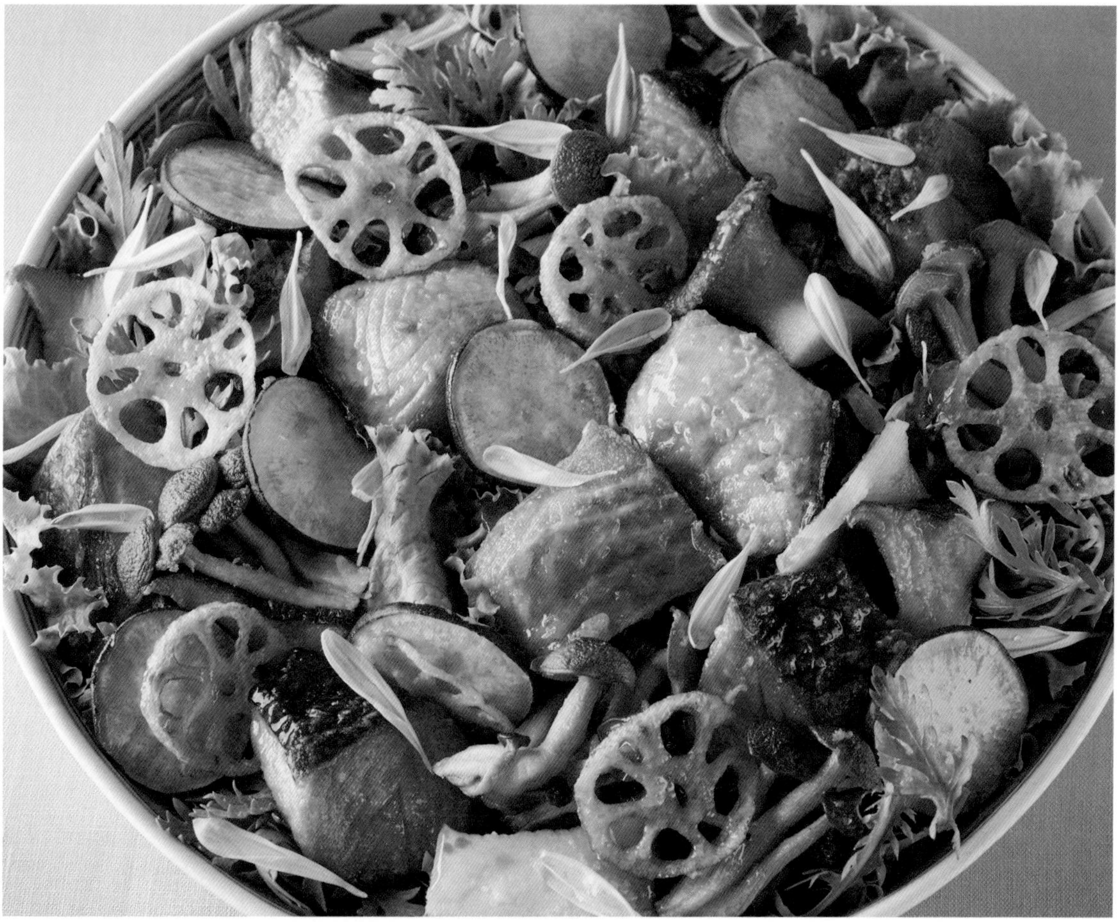

秋鮭と秋野菜のおかずサラダ

重信初江

295kcal
1.1g
25分

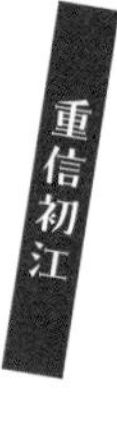

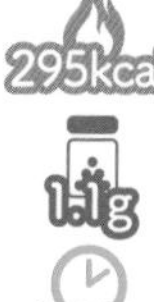

材料（2〜3人分）

生鮭（切身）…2切れ　れんこん…50g　さつまいも…80g
エリンギ…1本　しめじ…1パック（100g）
グリーンリーフ…大3枚（80g）　春菊…3〜4本　食用菊（黄）…適量

A しょうゆ、酢、サラダ油…各大さじ1
砂糖、しょうがのしぼり汁…各小さじ1

薄力粉、揚げ油…各適量

作り方

1. れんこんは幅2mmの輪切りに、さつまいもは皮付きのまま幅2mmの輪切りにし、それぞれ使うまで水にさらす。エリンギは長さを半分に切り、縦に幅5mmに切る。しめじは小房に分ける。グリーンリーフは食べやすくちぎり、春菊は葉をつみ、合わせて器に盛る。菊は花びらをつむ。鮭はひと口大に切る。**A**は混ぜる。
2. 揚げ油を高温に熱し、れんこんとさつまいもを水気をしっかりふいて入れ、返しながら4〜5分揚げて取り出す。続いて鮭、エリンギ、しめじを、それぞれ薄力粉を薄くまぶして入れ、返しながら2〜3分揚げる。
3. 1の器に鮭、エリンギ、しめじをバランスよくのせ、**A**をかける。れんこん、さつまいもをのせ、菊の花びらをちらす。

生ハムサラダ 和風ジェノベーゼソース

287kcal
1.3g
5分

材 料（2～3人分）

生ハム…1パック（100g）　アボカド…1個　ベビーリーフ…2袋

A 青じそ（みじん切り）…10枚分　にんにく（すりおろし）…少々
オリーブ油…大さじ3　しょうゆ…小さじ1/2　塩…少々

作り方

1. アボカドは皮と種を取り、幅7mmに切る。**A**はよく混ぜる。
2. 器にベビーリーフ、アボカド、生ハムを盛り合わせ、**A**をかける。

豚肉とパインのおかずサラダ

材 料（2人分）

豚肩ロース肉（とんかつ用）…2枚（200g）
パイナップル（カットしたもの）…200g　セロリ…1本
ベビーリーフ…1袋　サラダ油…大さじ2
片栗粉…適量

A しょうが汁、しょうゆ…各大さじ1/2

B オリーブ油…大さじ1と1/2　酢…大さじ1
はちみつ…小さじ2　粒マスタード…小さじ1
塩…小さじ1/3　こしょう…少々

作り方

1. 豚肉は小さめのひと口大に切り、**A**をもみ込んで10分おく。セロリは斜め薄切りにする。
2. フライパンに油を入れ、強めの中火で熱する。豚肉の汁気をきって片栗粉を薄くまぶしつけ、フライパンに並べ入れる。両面を計3分ほど焼いて取り出す。
3. パイナップル、ベビーリーフ、セロリ、豚肉を軽く混ぜて器に盛る。
4. ボウルにオリーブ油以外の**B**を混ぜ、オリーブ油を少しずつ加えて混ぜ、**3**にかける。

小林まさみ　372kcal　2.0g

蒸し鶏とにんじんのおかずサラダ

材 料（2人分）

鶏もも肉…小1枚（200g）　セロリ…1本
にんじん…1本　オリーブ油…大さじ3
塩…小さじ1/4　　セロリの葉（細切り）…適量

A しょうが汁、酒…各小さじ1　塩…小さじ1/4

B 粒マスタード…大さじ1　酢…大さじ1と1/2
塩…小さじ1/4～1/2　こしょう…少々

作り方

1. 鶏肉は厚みが均一になるように切り目を入れて開き、余分な筋と脂を除く。耐熱の器に入れ**A**をもみ込み、室温に20分おく。ラップをふんわりとかけて電子レンジで4分加熱する。あら熱を取り、大きめにさいて蒸し汁にからめておく。
2. セロリは筋を取り、長さ4～5cmの細切りに、にんじんはスライサーでせん切りにする。
3. ボウルに**2**と塩を混ぜて10分おき、水気をしぼる。大きめの別のボウルに**B**を混ぜ、オリーブ油を少しずつ加えて混ぜる。
4. **3**のボウルに汁気をきった鶏肉、セロリ、にんじんを加えてあえる。器に盛り、セロリの葉を飾る。

さつまいもと鶏むね肉のサラダ

材料（2人分）

鶏むね肉…1枚　さつまいも…1本（250〜300g）
レタス…3枚　にんにく（みじん切り）…1かけ分
バター…小さじ2　塩、こしょう…各少々

A｜マヨネーズ…大さじ3　牛乳…大さじ2

作り方

1. さつまいもはよく洗い、皮つきのまま1.5cm角に切って水に5分ほどさらす。水気をきって耐熱のボウルに入れ、ラップをかけて電子レンジで4〜5分加熱する。そのままあら熱が取れるまでおく。
2. 鶏肉は皮を取り、2cm角に切る。フライパンにバター、にんにくを入れて弱火で炒める。にんにくの香りが出てきたら鶏肉を加えて中火にし、塩、こしょうをふって2分ほど炒めて取り出す。
3. ボウルにAを合わせ、さつまいも、鶏肉を加える。レタスをひと口大にちぎって加え、ザックリと混ぜ合わせる。

ベーコンとカリフラワーのホットサラダ

材料（2人分）

ベーコン…3枚　カリフラワー…1/2株（150g）
じゃがいも…1個
レッドキドニービーンズ（ドライパック）…1袋（55g）
水…1カップ　塩…適量　オリーブ油…大さじ2
レモン汁…大さじ1　こしょう…少々
パセリ（みじん切り）…適量

作り方

1. ベーコンは幅1cmに切る。カリフラワーは小房に分ける。じゃがいもは小さめのひと口大に切って水にさらし、水気をきる。
2. 鍋にカリフラワーとじゃがいも、材料の水、塩ひとつまみを入れ、ふたをして5〜6分蒸しゆでにする。レッドキドニービーンズを加え、ひと煮立ちしたらざるに上げ、器に盛る。
3. フライパンにベーコンとオリーブ油を入れて中火にかけ、カリカリになるまで焼く。熱々を2にかけてレモン汁、塩少々とこしょうをふり、パセリをちらす。

ヤムウンセン

材 料（2人分）

えび（殻付き）…6尾　春雨（乾燥）…30g
もやし…1/2袋　香菜…3株　片栗粉…適量

A｜しょうがの皮…適量　水…1カップ　酒…大さじ1
B｜ナンプラー、酢、みりん…各大さじ1と1/2

ミニトマト（くし形切り）、ミックスナッツ（無塩）…各適量

作り方

1. えびは片栗粉をまぶして水洗いし、背わたを取る。鍋にAを入れて中火で煮立て、えびを加えて1分ゆで、そのまま冷ます（時間外）。春雨は熱湯で戻してざく切りにする。
2. ボウルにBを混ぜ、えびの殻をむいて漬け、春雨を加えて混ぜる。
3. もやしはひげ根を取り、耐熱の容器に入れ、ラップをふんわりとかけて電子レンジで1分加熱し、ざるに上げて冷ます。香菜は長さ3cmに切る。
4. 2に3を加えて混ぜ、器に盛る。ミニトマトをのせ、ミックスナッツを刻んでちらす。

ベビーほたてのおかずサラダ

材 料（2人分）

ベビーほたて…15個　きゅうり…1本　レタス…2枚

A｜長ねぎ（みじん切り）…5cm分
　しょうが（みじん切り）…1/2かけ分
　しょうゆ…大さじ2　酢、ごま油…各大さじ1
　砂糖…小さじ2　ラー油…小さじ1/2〜1

作り方

1. ボウルにAを混ぜ合わせ、ほたてを加えて混ぜ、冷蔵庫で15分おく（時間外）。
2. きゅうりは塩少々（材料外）をふり、まな板の上で転がして表面のいぼを取り、水洗いする。ピーラーで薄く削る。レタスはちぎって氷水につけ、パリッとしたら水気をきる。
3. 器にレタスときゅうりを盛り、1をたれごとのせる。

絶対おいしいポテトサラダ

材 料（4人分）

じゃがいも…3個（400g）　きゅうり…1本
にんじん…3cm　ゆで卵…2個　ツナ（缶詰）…1缶
塩…小さじ1/2　ベビーリーフ…適量

A　らっきょうの甘酢…大さじ2
　　塩、こしょう…各少々
B　らっきょうの甘酢漬け（粗いみじん切り）…10個分
　　パセリ（みじん切り）…大さじ2
　　プレーンヨーグルト（無糖）、マヨネーズ…各大さじ4

作り方

1. じゃがいもは洗い、水気がついたままラップで包み、電子レンジで8分加熱する。熱いうちに皮をむき、ボウルに入れて粗くつぶし、**A**で下味をつける。
2. きゅうりは小口切り、にんじんはせん切りにして合わせ、塩をふり、しんなりしたら水気をしぼる。
3. ゆで卵は黄身と白身に分け、白身は粗く刻む。ツナは汁気をきる。
4. **1**のボウルに**2**、白身、ツナ、**B**を加えて混ぜる。器にベビーリーフを敷いて盛り、黄身をざるで裏ごししてちらす。

武蔵裕子

たことキウイのサラダ

材 料（2人分）

ゆでだこの足…100g　キウイフルーツ…2個
ベビーリーフ…小1/2袋　塩…少々
オリーブ油…大さじ1

A　食パン（6枚切り）…1枚　オリーブ油…大さじ1
B　オリーブ油…大さじ2　レモン汁…大さじ1
　　はちみつ…大さじ1/2　塩、こしょう…各少々

フリルレタス（あれば）…3〜4枚

作り方

1. **A**の食パンはみみを切り、1.5cm角に切る。ポリ袋に入れてオリーブ油大さじ1を加え、袋ごとふって油を全体にからめる。オーブントースターの天板にアルミ箔を敷いてパンを並べ、予熱したオーブントースターで3〜4分焼き、クルトンを作る。
2. たこはひと口大のそぎ切りにし、塩をふり、オリーブ油をからめる。キウイフルーツは皮をむき、幅1.5cmの半月切りにする。
3. 器にフリルレタスを敷き、**2**、ベビーリーフを盛り合わせる。**1**をちらし、よく混ぜた**B**をかける。

バナナとルッコラのサラダ

材料（2人分）

ルッコラ…1束（50g）　バナナ…1本
生ハム…4枚
オリーブ油…大さじ1

A｜酢…大さじ1/2
　｜塩、こしょう…各少々

作り方

1. バナナは幅5mmの輪切りにする。ルッコラは長さ4〜5cmに切る。
2. ルッコラ、半分にちぎった生ハム、バナナを混ぜて器に盛る。
3. ボウルにAを混ぜ、オリーブ油を少しずつ加えて混ぜ、2にかける。

えびとキウイのパワフルサラダ

材料（2人分）

蒸しえび…120g
キウイフルーツ…1個
芽ひじき…大さじ1（2〜2.5g）
サニーレタス…大3枚
ミックスビーンズ…50g

A｜プレーンヨーグルト（無糖）
　｜　…大さじ3
　｜マヨネーズ…大さじ1
　｜塩、こしょう…各少々

作り方

1. ひじきは水につけて戻し（時間外）、ざるに上げて水気をきる。キウイフルーツは薄い半月切りにする。サニーレタスはひと口大にちぎる。
2. 器に1とえび、ミックスビーンズを盛り合わせ、Aを混ぜてかける。

サーモンとセロリのマリネ

材料（2〜3人分）

サーモン（刺身用さく）…150g
セロリ…1/2本
パプリカ（黄）…1/4個
新たまねぎ…1/2個
オリーブ（黒・薄切り）…25g

A｜オリーブ油…大さじ3
　｜レモン汁…大さじ1
　｜塩…小さじ1/3
　｜こしょう…少々

作り方

1. サーモンは幅7〜8mmに切る。セロリ、パプリカ、たまねぎは薄切りにする。セロリの葉があれば、4〜5枚を幅1cmに切る。
2. ボウルにAを混ぜ、1、オリーブを加えてあえる。15〜30分おき、味をなじませる。

重信初江　243kcal　1.3g　15分

華やかコブサラダ

材料（4人分）

蒸しえび…150g
じゃがいも…2個
紫たまねぎ…1/2個
きゅうり…1本　アボカド…1個
ホールコーン…100g　塩…少々

A　マヨネーズ…大さじ3
トマトケチャップ…大さじ2
酢…小さじ1　塩…小さじ1/4
こしょう…少々

作り方

1. じゃがいもは皮をむいて1cm角に切り、塩を加えた熱湯で3〜4分ゆでて水気をきる。紫たまねぎ、きゅうり、アボカドはすべて1cm角に切る。コーンは水気をきる。
2. 器に1、えびを均等に並べるように盛り、Aを混ぜてかける。

重信初江　194kcal　1.5g　10分

かつおのオニドレサラダ

材料（2人分）

かつおのたたき（さく）…150g
グリーンリーフ…3〜4枚
きゅうり…1本　ミニトマト…8個
たまねぎ（みじん切り）…1/4個分
オリーブ油…小さじ1
ポン酢しょうゆ…大さじ2

作り方

1. フライパンにオリーブ油を中火で熱し、たまねぎをしんなりするまで2分ほど炒め、ポン酢しょうゆを加え、ドレッシングを作る。
2. かつおは幅7〜8mmに切る。グリーンリーフは食べやすくちぎる。きゅうりはピーラーでリボン状に削る。ミニトマトは半分に切る。
3. 器に2を盛り、1をかける。

藤野嘉子　370kcal　0.4g　10分

牛肉とアボカドのおかずサラダ

材料（2人分）

牛もも肉（しゃぶしゃぶ用）…100g
アボカド…1/2個
ロメインレタス…3枚
ミニトマト…5個

A　オリーブ油、マヨネーズ…各大さじ2
酢、粉チーズ…各大さじ1
こしょう…少々

作り方

1. 鍋に湯を沸かし、塩ひとつまみ、酒大さじ1（各材料外）を入れ、牛肉をサッとゆでる。ざるに上げて水気をきり、食べやすく切る。
2. アボカドは皮と種を取り、1cm角に切る。ロメインレタスは食べやすく切る。ミニトマトは半分に切る。
3. 器に2を盛り、牛肉をのせ、Aを混ぜてかける

PART 3

牛肉おかずのとっておき

豚のメニューと同様に、
かたまり肉を使った
ちょっとリッチなメニューを中心にセレクト。
ハレの日のメニューとしても
最適です。

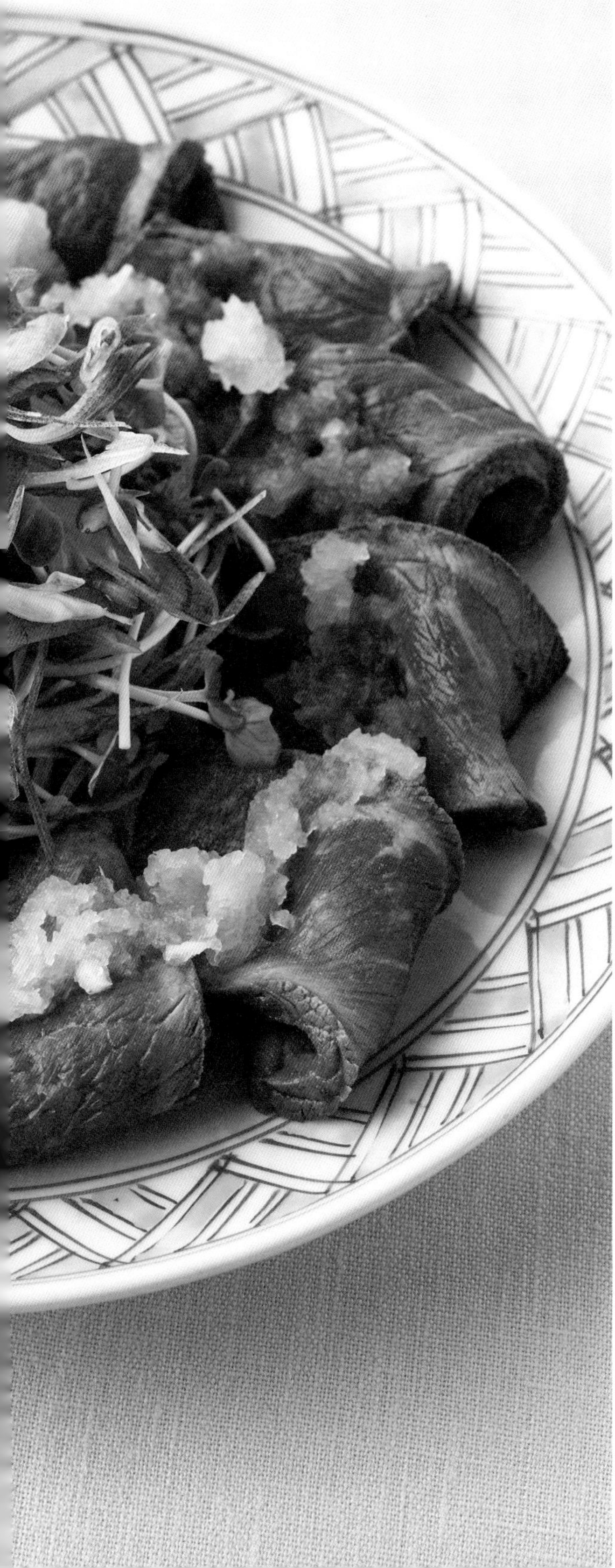

重信初江

牛肉のおろしポン酢

228kcal
1.1g
25分

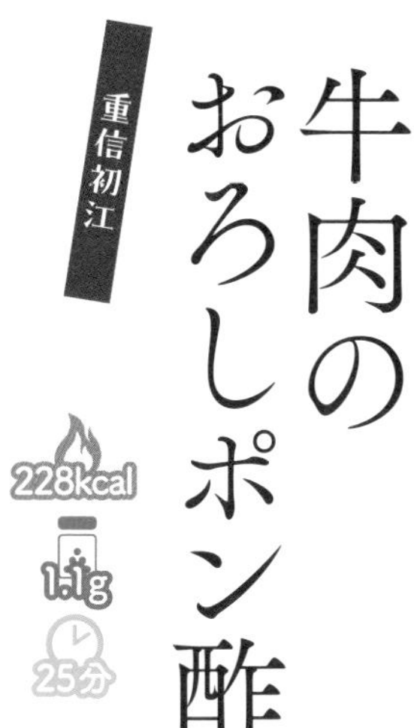

材料(4人分)

牛もも肉(かたまり)…400g　塩…小さじ1/4
こしょう…少々　サラダ油…大さじ1/2
かいわれ菜…1パック　青じそ…5枚
みょうが…2個　大根…200g
ポン酢しょうゆ…大さじ2

作り方

1. 牛肉は塩、こしょうをすり込む。フライパンに油を中火で熱し、牛肉を入れ、左右の2面を1分ずつ焼く。弱めの中火にし、側面の4面を、1面3分ずつ焼く(途中、フライパンの温度が上がって焦げやすくなるので、側面の2面を焼いたら火を少し弱めるとよい)。アルミ箔で包み、15分おく(時間外)。
2. かいわれ菜は根元を切る。青じそは細切りにする。みょうがは縦半分に切って斜め薄切りにし、冷水に10分ほどさらし(時間外)、水気をきる。
3. 大根はすりおろして軽く水気をきり、ポン酢しょうゆを加えて混ぜる。
4. **1**を薄切りにして器に盛り、中央に**2**をのせ、**3**をかける。

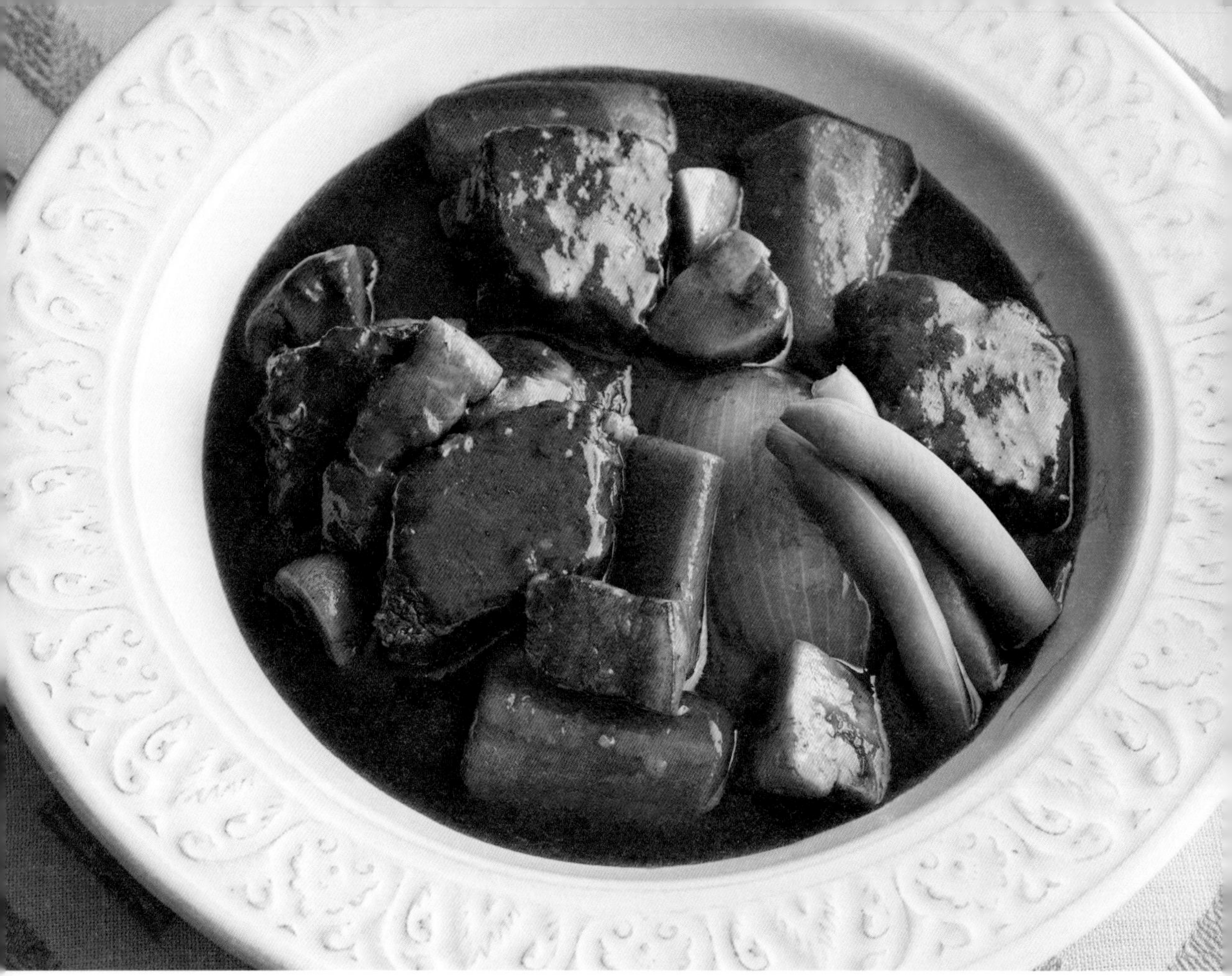

牛肉の赤ワイン煮込み

藤野嘉子

649kcal
3.2g
90分

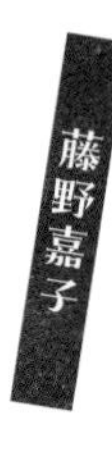

材 料（2〜3人分）

牛もも肉、牛バラ肉（各かたまり）…合わせて400g
ベーコン（ブロック）…60g　たまねぎ…1/2個　にんじん…1本
マッシュルーム…100g　さやいんげん…50g
塩、こしょう、薄力粉…各適量　バター…大さじ2　赤ワイン…1カップ

A｜水…2カップ　ローリエ…1枚　トマトペースト…1袋（18g）
B｜バター、薄力粉…各小さじ1

作り方

1. 牛肉は3cm角に切り、塩小さじ1、こしょう少々をふる。ベーコンは8mm角の棒状に切る。たまねぎはくし形切りに、にんじんは3cm長さの四つ割りにする。マッシュルームは四つ割りにし、さやいんげんはゆでて食べやすい長さに切る。
2. 鍋にバター大さじ1を中火で溶かし、牛肉に薄力粉を薄くまぶして入れ、転がしながら全体に焼き色をつける。赤ワインを加え、強火にしてひと煮立ちさせ、**A**を加える。ふたをずらしてのせ、弱めの中火で45分煮る。
3. フライパンにバター大さじ1を中火で溶かし、ベーコンを炒める。脂が出たらたまねぎ、にんじん、マッシュルームを加えてサッと炒めて**2**の鍋に加え、さらに30分煮る。
4. 塩小さじ1/2と、**B**を練り混ぜて加え、とろみをつける。器に盛り、さやいんげんを添える。

小林まさみ

トマトの肉巻き照り焼き

材 料（2人分）

牛もも肉（薄切り）…8枚（160g）　トマト…大1個
薄力粉…適量　サラダ油…大さじ1

A| しょうゆ、酒、みりん…各大さじ1　砂糖…小さじ1

アボカド…1/2個　ベビーリーフ…適量

作り方

1. トマトは8等分のくし形切りにする。アボカドは皮と種を取り、横に幅1cmに切る。
2. 牛肉1枚を広げ、トマト1切れをのせ、全体を包むように巻き、軽く握って密着させる。残りも同様にする。薄力粉を薄くまぶす。
3. フライパンに油を強火で熱し、巻き終わりを下にして並べ、2分かけて全面を焼く。
4. 火を止めてフライパンの油をペーパータオルでふき、Aを混ぜ合わせて加える。強火にかけ、トロッとするまで肉にからめながら煮詰める。器に盛り、ベビーリーフ、アボカドを添える。

ビフカツ

材 料（2〜3人分）

牛ランプ肉（ステーキ用・厚さ2cmほどのもの）…2枚（約500g）
キャベツ…2〜3枚　青じそ…3枚　にんじん…少々
トマト…1/2個　薄力粉、溶き卵、パン粉…各適量
揚げ油…適量　ソース、練りからし（お好みで）…各適量

A| 塩…小さじ1/4　こしょう…少々

作り方

1. 牛肉は焼く30分ほど前に冷蔵庫から出して、室温に戻す（時間外）。キャベツ、青じそ、にんじんはせん切りにし、合わせて冷水につけ、パリッとしたら水気をよくきる。トマトは4等分のくし形切りにする。
2. 牛肉にAをふり、薄力粉、溶き卵、パン粉を順につける。もう一度溶き卵とパン粉の順につける（衣を二重にすることで肉汁が流れ出るのを防ぐ）。
3. 揚げ油を高温に熱し、2を入れ、中火で1分ほど揚げる。静かに上下を返し、弱めの中火にして40秒ほど揚げ、油をきる。5分ほどそのままおき、肉汁を落ち着かせる。
4. 食べやすく切って1の野菜とともに器に盛る。お好みでソース、からしをつけて食べる

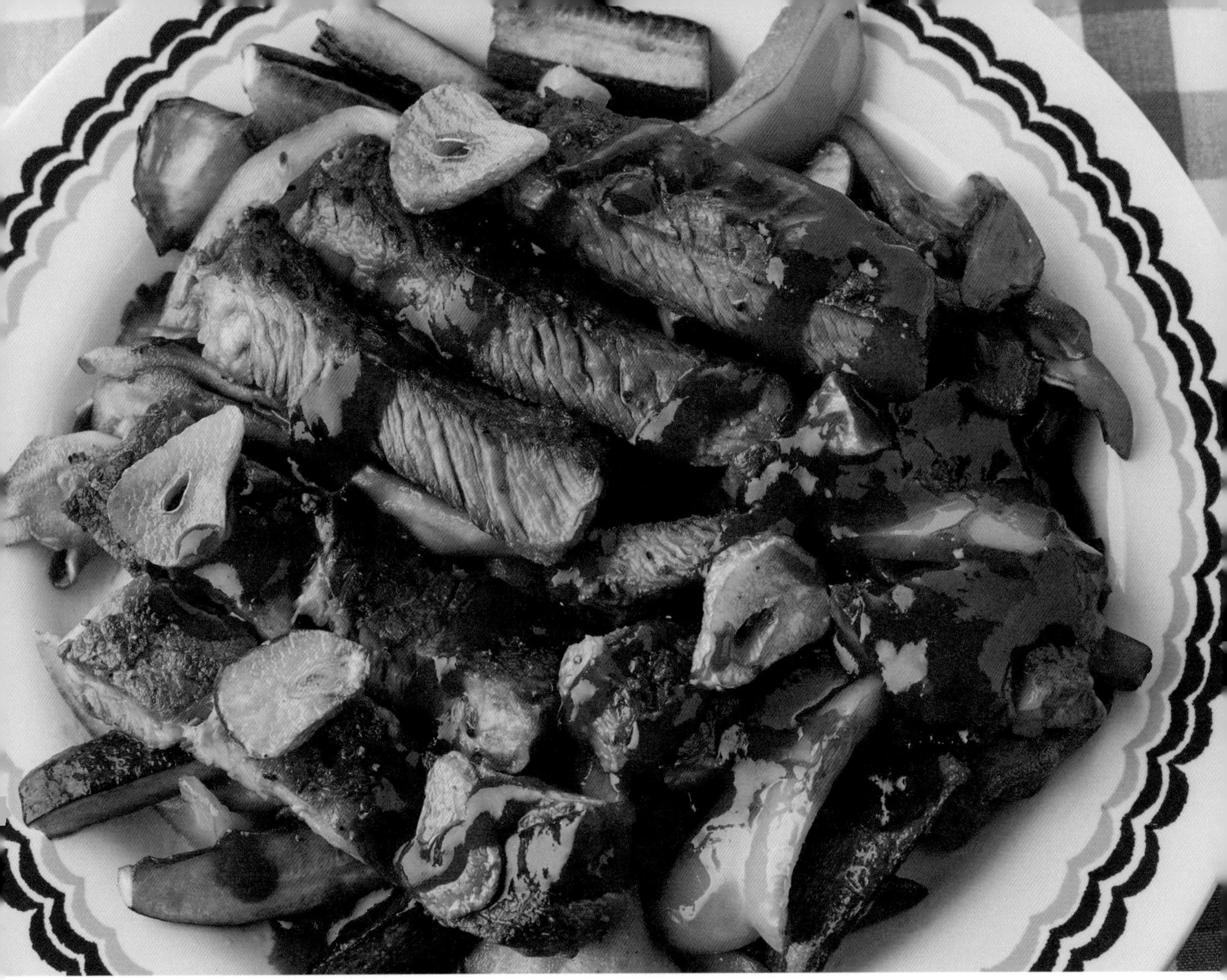

ピリ辛ステーキ

ほりえさわこ

636kcal
1.8g
20分

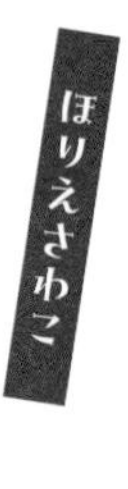

材料（2人分）

牛肉（ステーキ用）…2枚　ズッキーニ…1/2本　パプリカ（黄）…1/2個
エリンギ…1本　にんにく（薄切り）…3かけ分　ごま油…大さじ2
塩、こしょう…各少々

A | にんにく（すりおろし）…少々　コチュジャン、水…各大さじ1
しょうゆ、はちみつ…各大さじ1/2

作り方

1. 牛肉は焼く20分ほど前に冷蔵庫から出して、室温に戻す（時間外）。ズッキーニは長さ4cmの四つ割りにする。パプリカ、エリンギも同じくらいの大きさに切る。
2. フライパンにごま油、にんにくを入れて弱火で熱し、焼き色がついたら取り出す。牛肉に塩、こしょうをふって入れ、中火で3～4分、返して2～3分焼いて取り出し、アルミ箔で包んでおく。
3. **2**のフライパンに野菜ときのこを入れ、中火で軽く焼き色がつくまで炒め、器に盛る。
4. **3**のフライパンに**A**、**2**のアルミ箔に出てきた肉汁を入れて煮詰め、ソースを作る。**2**を食べやすく切って**3**の器に盛り、にんにくをちらし、ソースをかける。

ほりえさわこ

牛肉の香り揚げ

材 料（2人分）

牛もも肉（薄切り）…4枚（200g）
青じそ…4枚　しょうがの甘酢漬け…40g
しょうゆ…大さじ1/2

A｜薄力粉…大さじ1と1/2　牛乳…大さじ1
　｜マヨネーズ…小さじ1

揚げ油…適量　パン粉…1カップ
水菜（長さ4cmに切る）、トマト（くし形切り）…各適量

作り方

1. 牛肉は広げてしょうゆをなじませ、中央に青じそ、しょうがの甘酢漬けを等分にのせて左右を折りたたむ。**A**は混ぜる。
2. **1**の牛肉に、**A**、パン粉の順に衣をつける。揚げ油を中温に熱して入れ、返しながら4〜5分かけて揚げる。半分に切って器に盛り、水菜、トマトを添える。

小林まさみ

牛肉の焼きしゃぶ

材 料（2人分）

牛ロース肉（薄切り）…200g　ししとう…5本
みょうが…1個　青じそ…3枚
大根おろし（水気を軽くしぼる）…120g

A｜レモン汁、しょうゆ…各大さじ1

ごま油…大さじ1/2　削り節…適量

作り方

1. ししとうは小口切りにする。みょうがは縦半分に切って、縦薄切りにする。青じそはせん切りにする。**A**は混ぜ合わせる。
2. フライパンにごま油を強火で熱し、牛肉を1枚ずつ広げて入れ、両面をサッと焼いて皿に取り出す。同じフライパンにししとうを入れてサッと炒め、牛肉の上にちらす。
3. ボウルにみょうが、青じそ、大根おろしを入れて混ぜ合わせ、**2**の上にのせる。**A**をかけ、削り節をのせる。

牛肉の野菜巻き

武蔵裕子

179kcal
0.9g
30分

材 料（7本分）

牛肉（薄切り）…14枚（350g）　パプリカ（赤・黄）…各1/2個
ほうれん草…1/2束

A｜しょうゆ…大さじ2　みりん、砂糖…各大さじ1と1/3

サラダ油…大さじ1　酒…大さじ2　ゆずの皮（せん切り）…適量

作り方

1. パプリカは細切りにする。ほうれん草はサッとゆでて水気をしぼり、長さ7cmに切る。**A**は混ぜる。
2. 牛肉を2枚重ねて広げ、手前にパプリカ、ほうれん草を1/7量ずつ置き、きつく巻く。同様にしてあと6本作る。
3. フライパンに油を中火で熱し、**2**を巻き終わりを下にして入れ、しっかり焼き付けたら転がしながら全面に焼き色をつける。酒をふり入れてふたをし、弱火で4〜5分蒸し焼きにする。
4. ふたを取って強めの中火にし、**A**を回し入れる。転がしながら全体にからめ、照りが出たら火を止めて完全に冷ます。食べやすく切って器に盛り、ゆずの皮をちらす。

牛カルビの生春巻き

材 料（5本分）

生春巻きの皮…5枚　牛カルビ肉…150g
パプリカ（赤・黄）…合わせて1個分　ベビーリーフ…1袋
塩、こしょう…各少々

A　砂糖、しょうゆ、レモン汁…各大さじ1
　　一味唐辛子…適量

オリーブ油…大さじ1

作り方

1. 牛肉は幅1cmに切り、塩、こしょうをふる。パプリカは細切りにする。Aは混ぜる。
2. フライパンにオリーブ油を中火で熱して牛肉をサッと焼き、Aをからめ、あら熱を取る。
3. まな板にラップを敷き、生春巻きの皮1枚をぬるま湯にくぐらせて広げる。ベビーリーフ、パプリカ、牛肉を1/5量ずつのせる。手前の皮をかぶせ、両端を内側に折って巻く。残りも同様にし、食べやすく切る。

2.4g

牛肉のチャイニーズ焼き

材 料（2人分）

牛肉（焼肉用）…200g　サラダ油…適量
にら（長さ3cmに切る）…1束分　もやし…1/2袋
赤ピーマン（せん切り）…1個分

A　酒（あれば紹興酒）…大さじ1　砂糖…小さじ1
B　にんにく（すりおろし）…小さじ1
　　オイスターソース…大さじ1
　　片栗粉、しょうゆ…各大さじ1/2　こしょう…少々
C　ごま油…大さじ1/2　鶏がらスープ（顆粒）…小さじ1
　　こしょう…少々

作り方

1. 牛肉はA、Bの順にもみ込み、油大さじ1をからめ、1時間以上おき（時間外）、肉をやわらかくする。
2. フライパンに油少々を中火で熱して牛肉を入れ、強火で両面をサッと焼き、取り出す。
3. ポリ袋にCを入れ、にら、もやし、赤ピーマンを加え、全体にからめる。2のフライパンをきれいにして中火で熱し、野菜を入れ、ふたをして1分蒸し焼きにし、サッと混ぜる。
4. 器に3を敷き、2を盛る。

15分

牛肉とトマトのすき焼き

材 料（2人分）

牛肉（すき焼き用）…200g　トマト…1個
パプリカ（黄）…1個　エリンギ…1パック

A 水…2/3カップ　白ワイン（辛口・なければ酒）…1/3カップ
しょうゆ…大さじ2　砂糖…大さじ1

牛脂（なければオリーブ油）…適量　卵…2個

作り方

1. トマトは6等分のくし形切りにする。パプリカは縦に幅1.5cmに切る。エリンギは縦四つ割りにする。**A**は混ぜる。
2. 鍋に牛脂を入れて中火で1〜2分焼きつけ、牛肉を加えて両面をサッと焼く。**A**、トマト、パプリカ、エリンギを加え、ひと煮立ちしたら3分ほど煮る。器に卵を割り入れて添え、つけて食べる。

15分

牛肉と根菜のすき煮

材 料（2人分）

牛肉（切り落とし）…200g　ごぼう…80g　れんこん…70g
パプリカ（赤）…1/4個

A 水…1カップ　麺つゆ（3倍濃縮）…大さじ3

作り方

1. ごぼうは皮をこそげ落とし、斜め薄切りにする。れんこんは幅2〜3mmの半月切りにする。パプリカは横に幅2〜3mmに切る。
2. 鍋に**A**を中火で煮立て、牛肉を入れ、ほぐしながら色が変わるまで煮る。アクを取り、ごぼう、れんこんを加え、弱めの中火で4〜5分煮る。パプリカを加え、1分煮る。

重信初江

330kcal　1.3g　15分

牛肉のピカタ

材 料（2人分）

牛もも肉（焼肉用）…8枚（200g）　塩…小さじ1/4
こしょう…少々　薄力粉…大さじ1

A｜卵…1個　粉チーズ…大さじ1
　｜バジル（乾燥）…小さじ1　塩、こしょう…各少々

サラダ油…大さじ1
ベビーリーフ、ミニトマト…各適量

作り方

1. 牛肉は塩、こしょうをふり、薄力粉を薄くまぶす。ボウルにAを入れて混ぜる。
2. フライパンに油を中火で熱し、1の牛肉に卵液をからめ、フライパンに並べ入れる。1分焼き、返して1分焼く。
3. 器に盛り、ベビーリーフとミニトマトを添える。

ほりえさわこ

393kcal　1.4g　80分

牛肉とひよこ豆の煮込み

材 料（4人分）

牛肉（かたまり）…500g　まいたけ、しめじ…各1パック
たまねぎ（薄切り）…1個分　ホールトマト（缶詰）…1缶（400g）
ひよこ豆（ドライパック）…2袋（110g）
にんにく（つぶす）…1かけ分　ローズマリー…1枝
塩…小さじ1　こしょう…少々　オリーブ油…大さじ2
薄力粉…大さじ1　白ワイン…1/2カップ　砂糖…少々

作り方

1. 牛肉はひと口大に切ってポリ袋に入れ、塩、こしょうをふる。まいたけは食べやすくさき、牛肉に加えて混ぜ、20分おく（時間外）。しめじは小房に分ける。
2. 鍋にオリーブ油大さじ1、にんにく、ローズマリーを入れて中火で熱し、香りが立ったらたまねぎを加え、透き通るまで炒めて取り出す。
3. オリーブ油大さじ1を足し、1のポリ袋に薄力粉を加えて薄くまぶして鍋に入れ、全体に焼き色がつくまで焼く。
4. 白ワインを加えてアルコールをとばし、2を戻し入れる。トマトをつぶしながら加え、煮立ったらふたをして弱火で1時間煮る。ひよこ豆、しめじを加えてさらに10分煮て、砂糖で味をととのえる。

牛肉のしょうゆ煮

材 料（2～3人分）

牛肉（カットされたもの）…450g　ゆで卵…2個

A| 水…3と1/2カップ　酒…1/2カップ

しょうが（薄切り）…1かけ分
しょうゆ、砂糖…各大さじ2　サラダ菜…適量

作り方

1. 鍋に牛肉を入れ、Aを加えて強火にかける。沸騰したらアクを取ってしょうがを加え、ふたをして弱火で40分ほど煮る。
2. しょうゆ、砂糖、ゆで卵を加え、ふたをしてさらに20分ほど煮る。
3. ゆで卵を半分に切り、牛肉と盛り合わせ、サラダ菜を添える。

牛たたき 香り野菜添え

材 料（2～3人分）

牛もも肉（かたまり）…300g　青じそ…5枚
しょうが…1かけ　みょうが…1個

A| 塩…小さじ1/3　こしょう…少々

サラダ油…小さじ1　ポン酢しょうゆ…大さじ1

作り方

1. 牛肉は冷蔵庫から出して30分ほどおいて常温に戻し（時間外）、Aをすり込む。
2. フライパンに油を中火で熱し、牛肉を入れて1面につき1分ずつ焼き、全体に焼き色をつける。アルミ箔で包み、肉汁が落ち着くまで15分ほどおく（時間外）。
3. 青じそ、しょうがはせん切りに、みょうがは小口切りにし、混ぜ合わせる。
4. 牛肉を薄切りにして皿に盛り、3をのせる。ポン酢しょうゆを回しかける。

夏野菜の揚げびたし

材 料（2人分）

牛もも肉（焼肉用）…300g　なす…2本　ピーマン…2個
ゴーヤー…1/2本　ズッキーニ…1本　かぼちゃ…200g
トマト…2個　サラダ油…適量

A だし汁…1と1/2カップ　砂糖…大さじ1と1/2
しょうゆ…大さじ3　酢…1/2カップ　塩…小さじ1/3

作り方

1. なすは縦半分に切って斜めに細かい切り込みを入れ、ひと口大に切る。ピーマンは四つ割りにする。ゴーヤーは幅1cmの半月切り、ズッキーニは幅1cmの輪切り、かぼちゃは長さ4～5cm、幅7～8mmに切る。トマトはくし形切りにする。バットに**A**を合わせる。
2. フライパンに油を深さ1cmほど入れて中温に熱し、トマト以外の野菜を返しながら揚げ焼きにして（なすは2～3分、ズッキーニ、かぼちゃは3～4分、ピーマン、ゴーヤーは1～2分）、**1**のバットに入れる。
3. 油を大さじ1ほど残してペーパータオルで吸い取り、強めの中火で熱し、牛肉を並べ、片面1分ずつ焼いて取り出す。トマトを入れてサッと焼く。**2**のバットに加え、15分ほどおいて味をなじませる。

20分

牛肉とさといものポン酢煮

材 料（2人分）

牛ロース肉（薄切り）…150g　さといも…8個（400g）
ほうれん草…1/2束

A 水…1カップ　ポン酢しょうゆ…大さじ2と1/2
砂糖…大さじ1/2

作り方

1. 牛肉は食べやすく切る。ほうれん草は熱湯でゆで、冷水にとって水気をしぼり、長さ4cmに切る。
2. 鍋に**A**を入れて中火で煮立て、牛肉、さといもを加える。煮立ったらアクを取り、落としぶたをして8～10分煮る。
3. ほうれん草を加え、温まるまで煮る。

牛肉のタリアータ

材 料（3～4人分）

牛もも肉（かたまり）…350～400g　塩…小さじ1/3
こしょう…少々　オリーブ油…大さじ2～3

A バルサミコ酢…大さじ5　はちみつ…小さじ1
しょうゆ…少々

ベビーリーフ…1袋　粉チーズ…適量

作り方

1. 牛肉は室温に30分ほどおき（時間外）、塩、こしょうを全面にふる。
2. フライパンにオリーブ油を中火で熱し、牛肉を入れて全面にしっかり焼き色がつくまで焼いたら、ふたをして弱火で7～8分蒸し焼きにする。アルミ箔で包み、冷めるまでおく（時間外）。
3. **2**のフライパンをサッとふき、**A**を入れて中火にかけ、少しとろみがつくまで煮詰める。
4. **2**を薄切りにして器に並べ、**3**をかける。ベビーリーフを添え、粉チーズをかける。

343kcal

牛肉と小松菜の中国風ソテー

材 料（2人分）

牛もも肉（焼肉用）…200g　小松菜…1束
にんにく（みじん切り）…1かけ分　片栗粉…適量

A にんにく（すりおろし）…少々
オイスターソース…大さじ1
しょうゆ、酒…各大さじ1/2　こしょう…少々

サラダ油…大さじ1　鶏がらスープ（顆粒）…小さじ1
こしょう…少々　ごま油…大さじ1/2

作り方

1. 牛肉は片栗粉をまぶす。小松菜は長さ4cmに切る。**A**は混ぜる。
2. フライパンに油、にんにくを入れて中火で熱し、香りが立ったら火を止め、小松菜を加えて混ぜる。ふたをして中火にかけ、チリチリと音がしたら、鶏がらスープ、こしょうをふってひと混ぜし、色鮮やかになったらざるに上げて汁気をきり、器に盛る。
3. フライパンをふき、ごま油を中火で熱し、牛肉の両面をサッと焼く。**A**を加えてからめ、**2**の上に盛る。

重信初江

463kcal

2.4g

15分

夏のすき焼き

材 料（2〜3人分）

牛肩ロース肉（すき焼き用）…400g　トマト…小2〜3個
オクラ…6本　かぼちゃ…200g　みょうが…2〜3個
塩…小さじ1/4　こしょう…少々　サラダ油…大さじ2

A｜しょうゆ、酒…各大さじ2　砂糖…大さじ1/2

大根おろし…300g　すだち（半分に切る）…1〜2個分

作り方

1. 牛肉は塩、こしょうをふる。トマトは湯むきをする。オクラは塩少々（材料外）をふってこすり、水洗いしてヘタとガクを取る。かぼちゃは幅7〜8mmのくし形切りにし、みょうがは縦半分に切る。
2. フライパンに油大さじ1を弱めの中火で熱してかぼちゃを並べ、2〜3分焼く。返して空いているところにオクラとみょうがを入れ、オクラとみょうがを時々返しながら2分ほど焼いて取り出す。
3. フライパンをサッとふき、油大さじ1を強めの中火で熱し、牛肉を並べ、片面30秒ほどずつ焼く。**A**とトマトを加え、煮立ったら**A**をサッとからめる。**2**とともに器に盛り、大根おろし、すだちを添える。

小林まさみ

698kcal

4.4g

15分

牛肉とごぼうのすき焼き

材 料（2人分）

牛もも肉（すき焼き用）…250g　焼き豆腐…1丁（240g）
ごぼう…2/3本　春菊…1/2束　サラダ油…大さじ1/2
砂糖…大さじ2

A｜酒、みりん…各大さじ4　しょうゆ…大さじ3

卵…2個　粉山椒、七味唐辛子…各少々

作り方

1. 焼き豆腐は6等分に切る。ごぼうは皮をこそげ落とし、ささがきにする。春菊は葉をつみ、茎は斜め薄切りにする。
2. 鍋に油をなじませて強めの中火で熱し、牛肉を広げ入れ、中火にする。肉の色が少し変わったら砂糖をふり入れ、からめながら焼き、端に寄せる。
3. **A**を順に加え、焼き豆腐、ごぼうを加えて2〜3分煮る。春菊は途中で適宜加える。卵をからめながら、お好みで粉山椒、七味唐辛子をふって食べる。

ゴロゴロビーフシチュー

材 料（4人分）

牛肉（シチュー用）…600g　たまねぎ…大1個（250g）
にんじん…1本　デミグラスソース（缶詰）…1缶
サラダ油…大さじ1　薄力粉…大さじ2
赤ワイン…1カップ

A｜塩…小さじ1/4　こしょう…少々
B｜水…4カップ　塩…小さじ1/2　こしょう…少々

作り方

1. たまねぎは薄切りに、にんじんは幅7～8mmの輪切りにする。牛肉に**A**をふる。
2. フライパンに油を中火で熱して牛肉を入れ、強めの中火で表面に焼き色がつくまで転がしながら2～3分焼く。
3. たまねぎを加えて中火にし、しんなりするまで4～5分炒める。薄力粉をふり入れ、さらに2分炒める。赤ワインを加え、混ぜながら半量になるまで2分ほど煮る。
4. デミグラスソースと**B**を加え、煮立ったらアクを取り、ふたをして弱火で40分ほど煮る。にんじんを加え、5分ほど煮る。

甘みそ肉豆腐

材 料（2人分）

牛肉（切り落とし）…150g　絹ごし豆腐…1丁（300g）
長ねぎ…1/2本　しめじ…1/2パック

A｜だし汁…1と1/3カップ　砂糖…大さじ1と1/2
　｜みりん、酒…各大さじ1

みそ…大さじ2と1/2　七味唐辛子…適量

作り方

1. 豆腐はペーパータオルに包んで水気をとる。牛肉は大きければ食べやすい大きさに切る。長ねぎは斜め薄切りにする。しめじは小房に分ける。
2. 鍋に**A**を入れて中火にかけ、煮立ったら長ねぎ、豆腐、しめじを入れて2～3分煮る。牛肉を加えてアクを取り、みそを溶き入れる。弱めの中火でときどき軽く混ぜながら3～4分煮る。
3. 器に盛り、七味唐辛子をふる。

ほりえさわこ　340kcal　3.4g　15分

牛肉の焼き漬け

材 料（2人分）

牛ランプ肉（またはヒレ肉・ステーキ用）…2枚（300g）
サラダ油…少々

A しょうが（薄切り）…1かけ分　しょうゆ…大さじ4
　赤ワイン、酢…各大さじ2

わかめ（戻したもの）…80g
青じそ、スプラウト（根を切る）、
　ミニトマト（赤、黄／くし形切り）…各適量

作り方

1. 牛肉は焼く1時間前に冷蔵庫から出して室温に戻す（時間外）。フライパンに油を中火で熱し、牛肉を入れてふたをし、強めの中火で3～4分焼く。ふたを取り、返して1～2分焼き、Aを加えてひと煮立ちさせる。
2. あら熱が取れたらポリ袋に1を汁ごと入れ、空気を抜いて袋の口をしばり、冷蔵庫に1日おく（時間外）。
3. 牛肉は薄切りにする。わかめはひと口大に切り、2の牛肉の漬け汁適量であえる。器にわかめと青じそを敷いて牛肉をのせ、スプラウト、ミニトマトを添える。

ほりえさわこ　404kcal　1.7g　25分

マッシュかぼちゃの肉巻き

材 料（2人分）

牛もも肉（しゃぶしゃぶ用）…6枚（200g）　かぼちゃ…200g
生しいたけ…4個　長ねぎ…1/2本　塩…少々
片栗粉…適量　サラダ油…小さじ2　しょうゆ…大さじ1
みりん…大さじ3

作り方

1. かぼちゃはラップで包み、電子レンジで4分加熱する。フォークでつぶし、塩を混ぜ、6等分にして丸める。しいたけは軸を切り落とし、四つ割りにする。長ねぎは幅1cmの斜め切りにする。
2. 牛肉を広げ、かぼちゃを1個ずつのせて巻き、片栗粉をまぶす。
3. フライパンに油を中火で熱し、2を転がしながら4～5分かけて焼く。空いているところにしいたけ、長ねぎを入れ、一緒に焼く。
4. しょうゆ、みりんを加え、フライパンをゆすりながら汁気がなくなるまでからめる。

牛肉とさといものみそ仕立て

材 料（2人分）

牛肉（切り落とし）…200g　さといも…小10個（500g）
にんじん…1/2本　白すりごま…大さじ2

A　水…2カップ　酒…大さじ2
みそ、砂糖…各大さじ1と1/2　しょうゆ…大さじ1/2

作り方

1. さといもは上下を切り落とし、皮をむく。にんじんは乱切りにする。
2. 鍋にAを入れて中火にかけ、煮立ったら1、牛肉を入れる。再び煮立ったらアクを取り、落としぶたをして弱めの中火で10〜12分、さといもがやわらかくなるまで煮る。ごまをふり、全体に混ぜる。

焼肉 トマトだれ&にらだれ

材 料（2〜3人分）

牛カルビ肉…300g　ミニトマト…8個
焼肉のたれ…大さじ6と1/3　にら…1/2束
サラダ油…小さじ2　サニーレタス…適量

作り方

1. ミニトマトは小さく切り、焼肉のたれ大さじ3と1/3と混ぜ、トマトだれを作る。にらはみじん切りにし、焼肉のたれ大さじ3と混ぜ、にらだれを作る。
2. 牛肉を半分に分け、トマトだれ、にらだれをからめる。
3. フライパンに半量の油を中火で熱し、トマトだれをからめた牛肉を入れ、両面をサッと焼く。残りのトマトだれを加え、からめて器に盛る。ペーパータオルでフライパンをふき、にらだれの牛肉も同様にして焼く。器に盛り、サニーレタスを添える。

牛肉とねぎのすき煮

材 料（2～3人分）

牛もも肉（薄切り）…300g　長ねぎ…1本
パプリカ（赤）…1個　薄力粉…大さじ1
サラダ油…大さじ1/2

A| 酒…大さじ2　しょうゆ、砂糖…各大さじ1

作り方

1. 長ねぎは長さ4～5cmに切る。パプリカは縦に細切りにする。牛肉は1枚ずつ端からくるくる巻き、長ねぎと同じくらいの太さにし、薄力粉をまぶす。
2. 直径20cmほどのフライパンに油を中火で熱し、牛肉と長ねぎを入れて1～2分、焼き色がつくまで焼き、返して1分焼いて取り出す。
3. 同じフライパンでパプリカをサッと炒め、**2**を戻し入れ、**A**を加える。煮立ったら弱めの中火で2～3分煮る。彩りよく並べる。

20分

牛ステーキおろしソース

材 料（2人分）

牛ランプ肉（ステーキ用）…2枚　長ねぎ…1/2本
バター…大さじ2と1/2　塩、こしょう…各少々
白ワイン…大さじ3　しょうゆ…大さじ1
みりん…大さじ1/2　大根おろし…1カップ
クレソン（あれば）…1束

作り方

1. 牛肉は焼く30分ほど前に冷蔵庫から出し、室温に戻す（時間外）。長ねぎは長さ3cmに切る。大根おろしは汁を軽くきる。
2. フライパンにバター大さじ1/2を中火で溶かし、長ねぎを転がしながら3分ほど焼き、取り出す。
3. 牛肉に塩、こしょうをふる。**2**のフライパンにバター大さじ1を足して中火で溶かし、牛肉を2分焼く。返して弱めの中火にし、3分焼く。バットに取り出してアルミ箔をかぶせ、あら熱が取れるまでおく。
4. **3**のフライパンにバター大さじ1を中火で溶かし、白ワインを入れ、半量になるまで強火で煮詰める。フライパンの底をこそげるように混ぜ、しょうゆ、みりんを加えて30秒煮詰める。火を止めて大根おろしを加え、混ぜる。
5. **3**を切って器に盛り、**4**をかけ、**2**とクレソンを添える。

ひと品でほぼ完結！

鍋もの セレクション

ほぼ一品で献立が決まるとっても便利な鍋ものから20品をセレクト。〆はメニューに合わせて、ごはんや麺など自由に合わせませしょう。

小林まさみ

625kcal 3.1g 15分

牛肉のキムチ鍋

材 料（2人分）

牛肉（こま切れ）…200g
白菜キムチ（ざく切り）…150g　春菊…3/4束
絹ごし豆腐…1/2丁（150g）
豆もやし…1袋（200g）　ごま油…大さじ1

A｜だし汁（煮干し）…3カップ
　｜酒…大さじ2　しょうゆ…小さじ2

白すりごま…適量

作り方

1. 春菊は長さ4cmに切る。豆腐は食べやすい大きさに切る。
2. フライパンにごま油を強火で熱し、牛肉を炒める。肉の色が変わりはじめたらキムチを加え、油がなじむまで炒める。
3. 鍋に**2**を移し、**A**を加えて強火にかける。ひと煮立ちしたらアクを取り、豆腐、もやしを加えて2〜3分煮る。最後に春菊を加え、ごまをちらす。煮えたものから食べる。

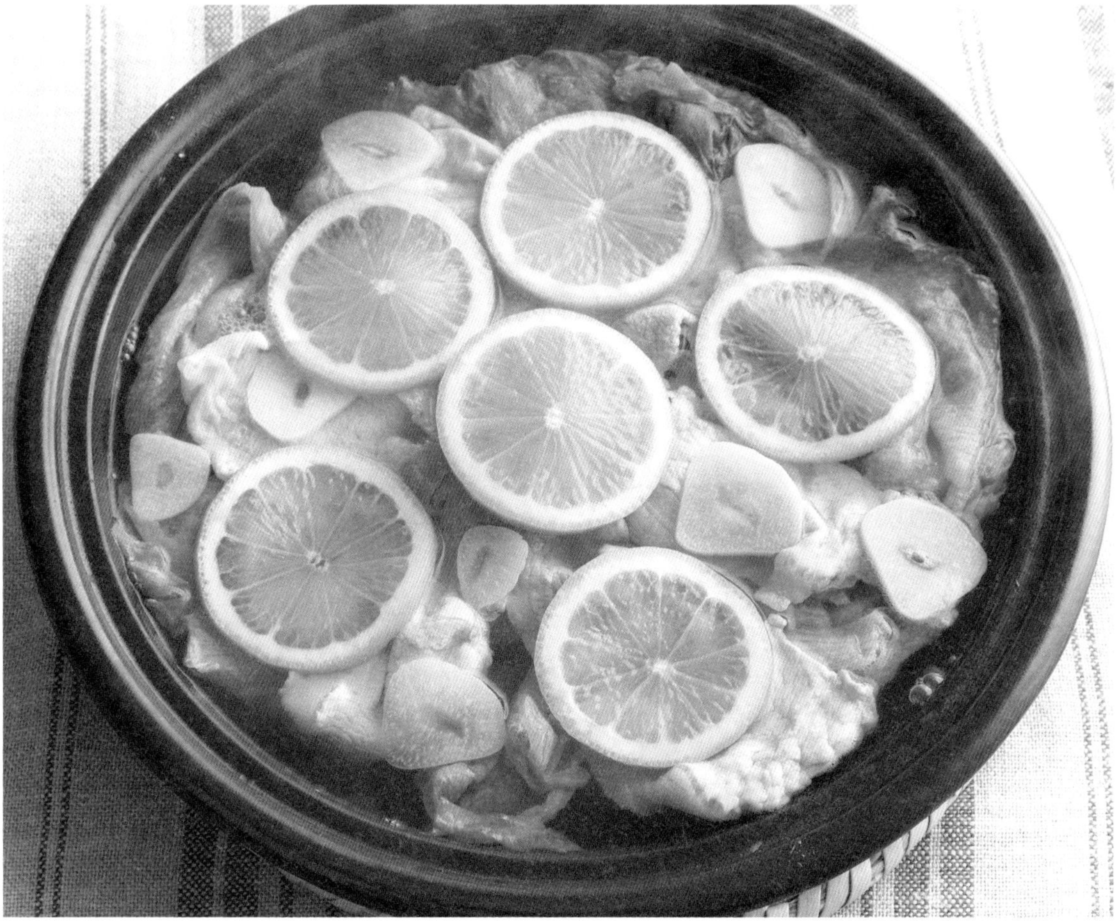

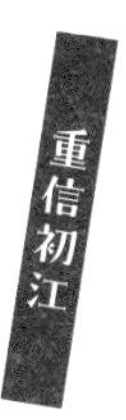

重信初江

豚肉のレモン鍋

259kcal
2.3g
10分

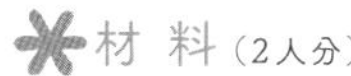

材料（2人分）

豚肉（しゃぶしゃぶ用）…150g　レタス…1/2個　レモン（国産）…1/2個
にんにく（薄切り）…2かけ分

A 水…4カップ　酒…大さじ3　薄口しょうゆ…大さじ1
砂糖、鶏がらスープ（顆粒）…各大さじ1/2　塩…小さじ1/3

作り方

1. レタスは大きめにちぎる。レモンは薄い輪切りにし、種を取り除く。
2. 鍋に、にんにくと**A**を入れて中火で煮立てる。レタスと豚肉を適量ずつ入れ、レモンをのせ、弱火で煮ながら食べる（レモンは長く煮ると苦みが出るので、お好みで途中で取り除き、果汁をしぼってもよい）。

鶏肉とトマトのキムチ鍋仕立て

武蔵裕子

2.9g

20分

材 料（2人分）

鶏むね肉…1枚（250g）　トマト（完熟）…2個
白菜キムチ（ざく切り）…80〜100g　れんこん…80g

A｜酒…大さじ1/2　片栗粉…小さじ1

ごま油…大さじ1/2　酒…大さじ1　水…3カップ
鶏がらスープ（顆粒）…小さじ1/2　しょうゆ…大さじ1/2
塩…小さじ1/3

作り方

1. 鶏肉はひと口大のそぎ切りにし、Aをもみ込む。トマトは小さめのざく切りにする。れんこんは薄い半月切りにし、酢水（材料外）につけ、水気をきる。
2. 鍋にごま油を中火で熱し、トマトとれんこんを入れ、サッと炒める。酒を加えてふたをし、弱めの中火で5〜6分、トマトからしっかり水分が出るまで蒸し焼きにする。
3. 材料の水、鶏がらスープ、白菜キムチを加え、再び煮立ったら鶏肉を加えて4分煮て、しょうゆ、塩で味をととのえる。

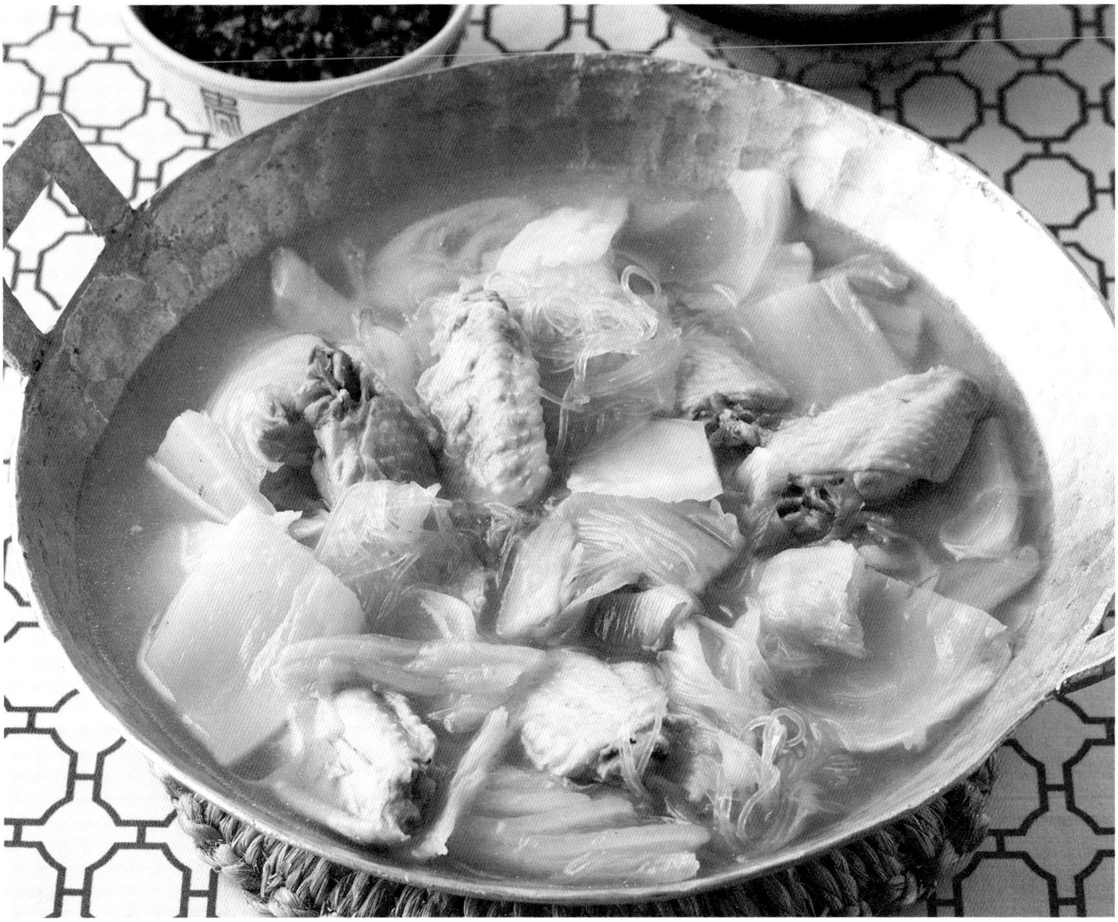

手羽先と春雨の鍋

ほりえさわこ

305kcal
1.5g
30分

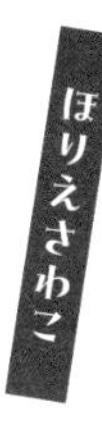

材 料（2〜3人分）

鶏手羽先…8本　白菜…1/4個　長ねぎ…1本　春雨（乾燥）…30g

A 水…4カップ　長ねぎの青い部分…1本分
にんにく…2かけ　しょうが（薄切り）…1かけ分　酒…大さじ2

B にら（小口切り）…1/2束分　にんにく（みじん切り）…少々
白すりごま…大さじ1/2　粉唐辛子…小さじ1
しょうゆ…大さじ1と1/2　砂糖…少々

作り方

1. 鶏手羽先は水気をふき、先端をキッチンばさみで切る。鍋に入れ（先端も）、**A**を加えて中火にかける。煮立ったらアクを取り、弱火で10分煮る。長ねぎの青い部分としょうが、鶏手羽先の先端は取り出す。
2. 白菜はざく切り、長ねぎは幅1cmの斜め切りにする。春雨は熱湯をかけて水気をきり、食べやすく切る。**B**の材料をよく混ぜる。
3. **1**の鍋に白菜の軸と長ねぎを入れて5〜6分煮たら、白菜の葉と春雨を加えてふたをし、5分煮る。取り皿に取り、**B**をかけて食べる。

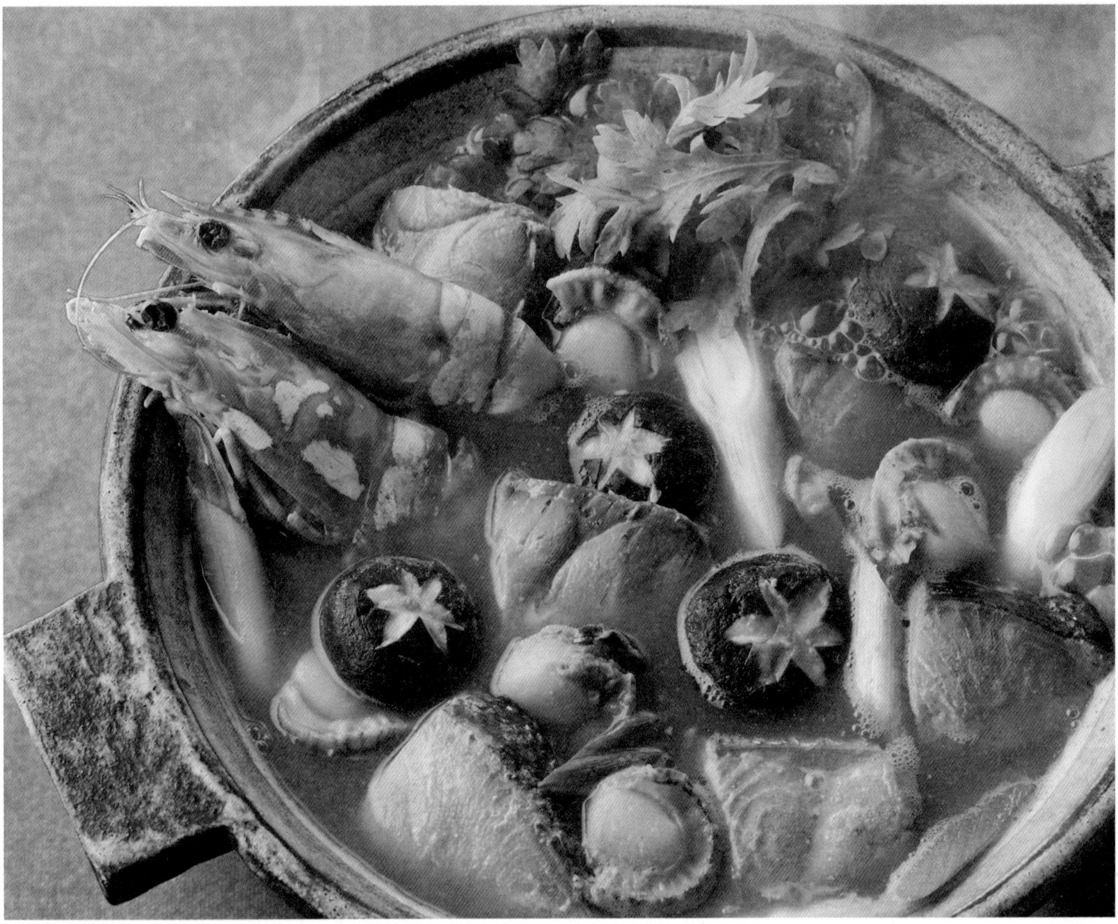

重信初江

石狩鍋

材 料（4人分）

生鮭（切身）…3切れ　えび（殻付き・有頭）…大4尾　ベビーほたて…120g
白菜…300g　生しいたけ…4個　長ねぎ…1本　春菊…1/2束（100g）

A | だし汁…4カップ　みそ…大さじ3と1/2　みりん…大さじ2

作り方

1. 白菜はひと口大のそぎ切りにする。しいたけは軸を取り、かさに飾り包丁を入れる。長ねぎは幅1cmの斜め切りにし、春菊は葉をつむ。
2. 鮭はひと口大に切る。えびは背わたを取る。
3. 鍋に**A**を煮立てて**2**を入れ、弱めの中火で2分煮る。えびの色が変わったら**1**、ベビーほたてを適量ずつ加え、煮ながら食べる。

289kcal
2.6g
15分

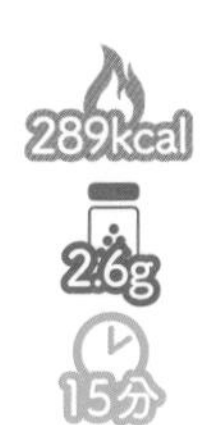

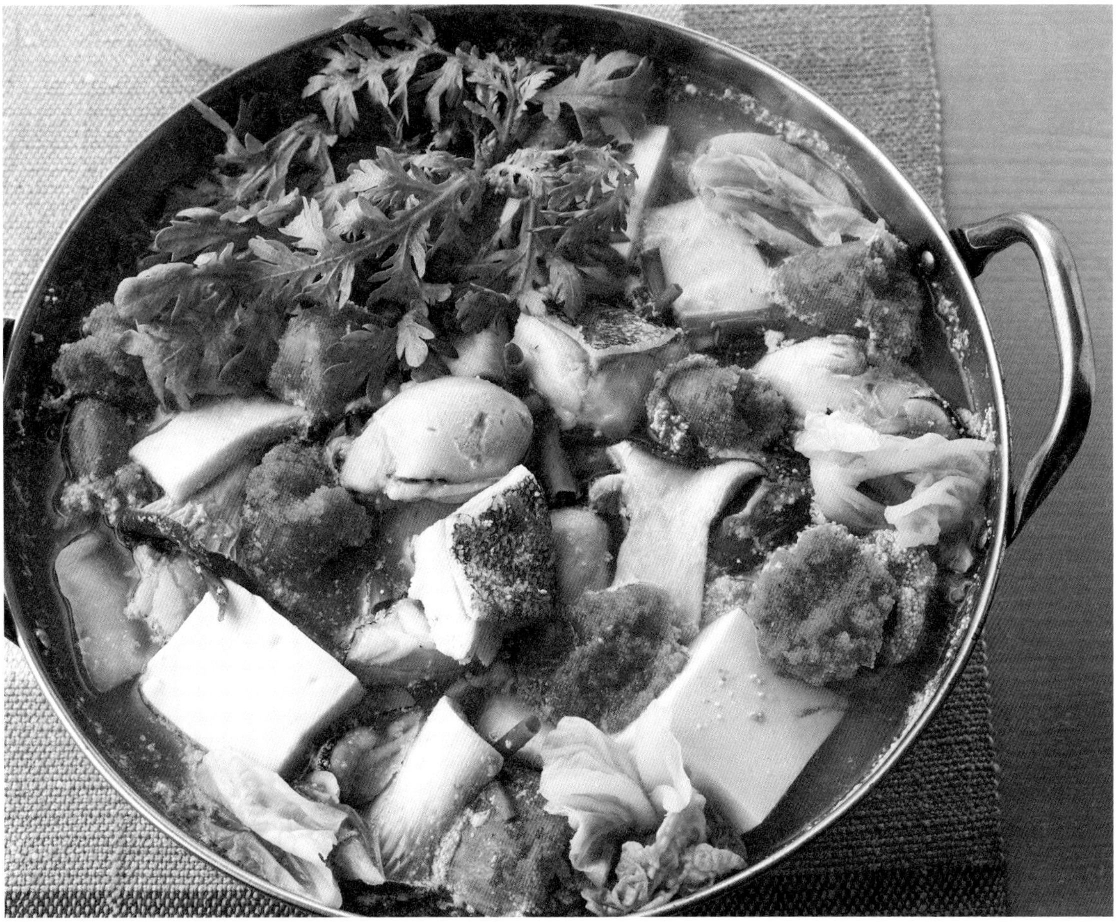

明太子とかきのアルタン風鍋

重信初江

181kcal
3.2g
20分

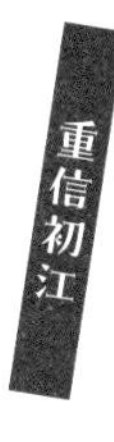

材料（3〜4人分）

かき…8個　生たら（切身）…2切れ　明太子…200g
絹ごし豆腐…1/2丁（150g）　白菜…500g　エリンギ…2本　春菊…1/2束
細ねぎ…3〜4本

A にんにく（すりおろし）…小さじ1　水…3カップ　酒…1/3カップ
塩…小さじ1/2

作り方

1. ボウルにかきを入れ、あら塩大さじ1（材料外）をふり、やさしくもみ洗いする。水で洗い、水気をふく。たらは4等分に切る。明太子は幅2 cmに切る。豆腐は食べやすく切る。白菜はざく切りにする。エリンギは長さを半分に切り、縦に4等分に切る。春菊は葉をつみ、茎は斜め薄切りにする。細ねぎは長さ3cmに切る。
2. 鍋に**A**を入れて中火で煮立て、白菜、エリンギ、豆腐、たら、かきを入れて2〜3分煮る。明太子、春菊、細ねぎを適量ずつ加え、煮ながら食べる。

武蔵裕子

459kcal　3.3g　15分

豆乳担々鍋

材 料（2人分）

豚ひき肉…200g　絹ごし豆腐…1/2丁（150g）
エリンギ…2本　チンゲン菜…1株
長ねぎ（みじん切り）…1/3本分　ごま油…大さじ1
トーバンジャン…大さじ1

A｜水…1カップ　白すりごま…大さじ2
｜しょうゆ…大さじ1
｜鶏がらスープ（顆粒）…小さじ1/2

豆乳（無調整）…1カップ

作り方

1. 豆腐は食べやすく切る。エリンギは長さを半分に切り、二〜四つ割りにする。チンゲン菜は長さを半分に切り、軸は四つ割りにする。
2. 鍋にごま油、長ねぎ、トーバンジャンを入れて弱火で1〜2分炒め、香りが立ったらひき肉を加えて中火で炒める。肉の色が完全に変わったら**A**、豆腐、エリンギ、チンゲン菜の軸を加えて2分ほど煮る。
3. チンゲン菜の葉を加えてサッと煮たら、豆乳を加えて煮立たせないように温める。

小林まさみ

588kcal　2.1g　15分

豚肉と水菜の小鍋仕立て

材 料（2人分）

豚バラ肉（しゃぶしゃぶ用）…200g　絹ごし豆腐…1丁
豆乳（無調整）…1と1/2カップ　水菜…2/3束

A｜水…1/2カップ　鶏がらスープ（顆粒）…小さじ1
B｜長ねぎ（小口切り）…1/4本分　しょうゆ…大さじ1

作り方

1. 豚肉、水菜は長さを4〜5cmに切る。豆腐はひと口大に切る。**B**は混ぜ合わせる。
2. 鍋に**A**を入れて強火にかけ、煮立ったら豚肉をサッとゆで、取り出す。アクを取り、豆乳、豆腐を加え、中火で沸騰直前まで温め、ふたをして弱火で5〜6分煮る。
3. 豚肉を戻し入れ、水菜を加えてサッと煮る。**B**を適量つけて食べる。

くるくる豚バラのおろし鍋

材 料（2〜3人分）

豚バラ肉(薄切り)…200g　キャベツ…大3枚
長ねぎ…1/2本　にんじん…1/3本　豆苗…1/3袋

A｜だし汁…3カップ　酒、みりん…各大さじ1
　｜しょうゆ…大さじ1/2　塩…小さじ1/4

大根おろし…2/3カップ分

作り方

1. 豚肉は端からくるくると巻く。キャベツはざく切りにする。長ねぎは斜め薄切りにする。にんじんは厚さ3〜4mmの半月切りにする。豆苗は根元を切り、長さを半分に切る。
2. 鍋にAを煮立て、1を入れて煮る。火が通ったら、大根おろしをのせ、混ぜながら食べる。

豚バラと水菜のハリハリ鍋

材 料（2〜3人分）

豚バラ肉（薄切り）…200g　油揚げ…2枚　水菜…1束
長ねぎ（白い部分）…1本分

A｜だし汁…4カップ
　｜しょうゆ、酒、みりん…各大さじ1　塩…小さじ1/2

作り方

1. 豚肉は食べやすい大きさに切る。油揚げは熱湯を回しかけて油抜きをし、水気をしぼって幅5mmに切る。水菜は長さ6〜7cmに切る。長ねぎは縦半分に切ってから斜め薄切りにし、水に5分ほどさらして水気をきる。
2. 鍋にAを入れて中火にかけ、煮立ったら豚肉を加えて火を通し、アクを取る。油揚げ、水菜、長ねぎを適量加え、煮えたものから器に取り分けて食べる。残りの具はそのつど足しながら食べる。

重信初江

279kcal 1.9g 15分

豚とキャベツのもつ鍋風

材 料（4人分）

豚肉（こま切れ）…300g　キャベツ…1/4個（300g）
もやし…1袋　木綿豆腐…1丁（300g）
にんにく（薄切り）…2〜3かけ分

A 水…3と1/2カップ
みりん、しょうゆ…各大さじ2
塩…小さじ1/3　赤唐辛子（小口切り）…ひとつまみ

作り方

1. キャベツはざく切りにする。豆腐は平らな皿などをのせ、15分ほどおいて水きりをし（時間外）、食べやすく切る。
2. 鍋に**A**を入れて煮立て、豚肉、もやし、**1**、にんにくを適量ずつ入れ、中火で煮ながら食べる。

重信初江

327kcal 2.8g

20分

ナッコプセ

材 料（4人分）

ゆでだこの足…200g
牛白もつ（カットタイプ・下処理済みのもの）…200g
むきえび…150g　春雨（乾燥）…40g　長ねぎ…1/2本
たまねぎ…1/2個　キャベツ…200g

A 水…2と1/2カップ　韓国唐辛子粉…大さじ2〜3
しょうゆ…大さじ2
にんにく（すりおろし）、砂糖、ナンプラー…各大さじ1

作り方

1. 春雨は熱湯につけて戻し、あら熱を取って食べやすく切る。長ねぎは幅1cmに、たまねぎ、キャベツは1.5cm四方に切る。たこは横に幅5〜6mmに切る。えびは背わたを取る。
2. 鍋に**A**を混ぜて中火で煮立て、**1**の野菜と春雨を入れ、たこ、えび、白もつを加える。再び煮立ったら味をみて、辛みが足りなければ唐辛子粉を足し、弱めの中火で混ぜながら3〜4分煮る。

鶏肉の豆乳鍋

材 料（2～3人分）

鶏もも肉…小1枚　鶏ひき肉…100g　大根…5cm
にんじん…1/2本　三つ葉…1袋

A｜生しいたけ（軸を取ってみじん切り）…2個分
　｜パン粉…大さじ2　みそ…大さじ1

だし汁…2と1/2カップ　豆乳（無調整）…1カップ
塩…小さじ1

作り方

1. 鶏肉はひと口大に切って塩少々（材料外）をふり、熱湯にサッと通して水気をきる。大根は幅5mmのいちょう切りに、にんじんは幅3mmの半月切りにする。三つ葉はざく切りにする。
2. ひき肉に**A**を加え、粘りが出るまで練る。
3. 鍋にだし汁を入れて中火で煮立て、鶏肉を入れる。**2**を直径3cmほどに丸めて加える。アクを取り、大根とにんじんを加えて弱めの中火にし、15分ほど煮る。
4. 豆乳を加えて弱火で温め、塩で味付けする。仕上げに三つ葉を加える。

ほりえさわこ

牛きのこ鍋

材 料（2人分）

牛肉（切り落とし）…150g
きのこ（エリンギ、しめじ、えのきだけなど）…300g
細ねぎ…1/2束　焼肉のたれ…大さじ2
ごま油…大さじ1　塩…小さじ1/4　水…2カップ
コンソメ（顆粒）…小さじ1
しょうゆ、粗びき黒こしょう…各少々
冷凍うどん…1玉

作り方

1. 牛肉は焼肉のたれをもみ込む。きのこは石づきを取り、食べやすく切ったりほぐしたりする。細ねぎは長さ5cmに切る。
2. 鍋にきのこを入れ、ごま油と塩をからめる。材料の水、コンソメを加え、牛肉を2ヵ所にまとめてのせる。ふたをして中火にかけ、煮立ったら牛肉をほぐし、サッと煮る。肉に火が通ったら、しょうゆで味をととのえ、細ねぎをちらして黒こしょうをふる。

ねぎま鍋

材 料（4人分）

まぐろ（刺身用さく）
…2さく（350～400g）
長ねぎ…2本　水菜…200g
油揚げ…2枚
ゆずの皮（削る）…適量

A だし汁（昆布）…4カップ
しょうゆ…大さじ3
酒、みりん…各大さじ2
砂糖…大さじ1/2

作り方

1. 長ねぎは長さ4cmに切り、魚焼きグリルか焼き網で、焼き色がつくまで両面を強火で焼く（完全に火を通さなくてOK）。水菜は長さ5～6cmに切り、油揚げは幅1cmに切る。まぐろは幅1.5cmに切る。
2. 鍋にAを煮立て、長ねぎ、水菜、油揚げとゆずの皮を適量入れて煮る。まぐろはサッとくぐらせるていどに煮て食べる。

さばのキムチ鍋

材 料（4人分）

塩さば（切身）…2切れ
じゃがいも…大2個（400g）
まいたけ…1パック
細ねぎ…3～4本
白菜キムチ…200g

A 水…2カップ　酒…1/2カップ
しょうゆ、みそ…各大さじ1/2

作り方

1. じゃがいもは幅1cmの輪切りにし、まいたけは食べやすくさく。細ねぎは長さ3～4cmに切る。さばは4等分に切る。
2. 鍋にAを入れて煮立て、さば、じゃがいも、まいたけ、キムチを入れ、中火で6～7分煮る。細ねぎを加えてサッと煮る。

ぶりの雪見鍋

材 料（2人分）

ぶり（刺身用さく）…200g
長ねぎ…1/2本
大根おろし…1/2本分

A だし汁…2カップ
酒…大さじ3
薄口しょうゆ…小さじ1
塩…小さじ1/3

梅干し（種を除く）…1個
ゆずの皮…適量

作り方

1. 長ねぎは幅2cmのぶつ切りにする。大根おろしはざるに上げ、軽く水気をきっておく。ぶりは厚さ5mmほどに切る。
2. 鍋にAを入れて中火にかけ、煮立ったら長ねぎ、大根おろし、梅干しを加える。再び煮立ったらゆずの皮をちらし、ぶりを1枚ずつ入れ、色が変わったら食べる。

あさりとささみのレモン鍋

材 料（2〜3人分）

あさり（砂抜きしたもの）…200g
鶏ささみ…150g
カットわかめ（乾燥）…2g
レモン（国産）…1/2個
水菜…3/4束　長ねぎ…1/2本
水…3と1/2カップ
鶏がらスープ（顆粒）…大さじ1

A 酒…大さじ3
しょうゆ…小さじ2

ごま油…適量

作り方

1. ささみはひと口大のそぎ切りにする。わかめは水で戻して水気をきる。レモンは薄い輪切りにする。水菜は長さ4cmに切る。長ねぎは長さ4cmに切り、縦半分に切る。
2. 鍋に材料の水と鶏がらスープを入れて中火にかけ、沸騰したらあさり、ささみ、**A**を加える。
3. あさりの口が開いたら、わかめ、水菜、長ねぎを加えてサッと煮る。レモンを加え、ごま油を回し入れる。

韓国風おかず湯豆腐

材 料（2人分）

絹ごし豆腐…1丁（300g）
豚ロース肉（しゃぶしゃぶ用）…150g
春菊…1束
長ねぎ（みじん切り）…1/4本分
にんにく（みじん切り）…大1かけ分
ごま油…大さじ1
水…2と1/2カップ

A 白菜キムチ（粗いみじん切り）…80g
ぽん酢しょうゆ…大さじ2
ごま油…大さじ1

作り方

1. 豆腐は食べやすく切る。春菊は根元を切り落とし、食べやすく切る。**A**は混ぜる。
2. 鍋にごま油、長ねぎ、にんにくを入れて弱めの中火で炒める。香りが立ったら材料の水を加え、煮立ったら豚肉、豆腐を加えて2〜3分煮る。春菊を加えてサッと煮る。**A**をつけて食べる。

豚バラキャベツの中華塩鍋

材 料（2〜3人分）

豚バラ肉（薄切り）…200g
キャベツ…大3枚　長ねぎ…1本
豆苗…1/3袋　にんじん…1/2本

A 水…3カップ　酒…大さじ1
塩…小さじ1
鶏がらスープ…小さじ1/2
こしょう、ごま油…各少々

白いりごま…適量

作り方

1. 豚肉は幅3cmに切る。キャベツは細切りにする。長ねぎは長さ3cmに切る。豆苗は根元を切り、長さを半分に切る。にんじんはピーラーで長さ5〜6cmの薄切りにする。
2. 鍋の中央に長ねぎを立てて並べ、そのまわりに豚肉、キャベツ、にんじんを入れる。**A**を加えて煮立て、火が通るまで煮る。豆苗を加え、さらに2〜3分煮る。仕上げにごまをふる。

PART 4

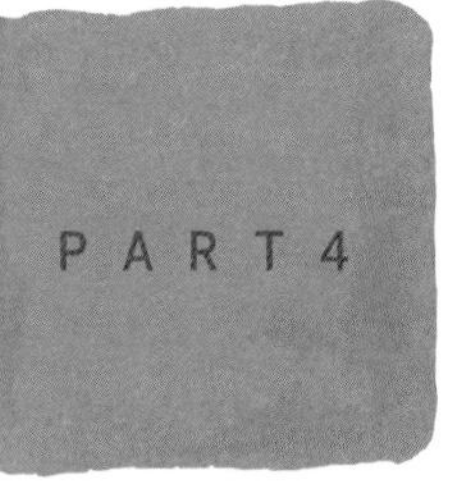

魚介おかずのとっておき

定番の魚介を使ったメニューを
中心に30品をセレクト。
同じ魚介が手に入らないときは、
その時期の旬を使って楽しんで。

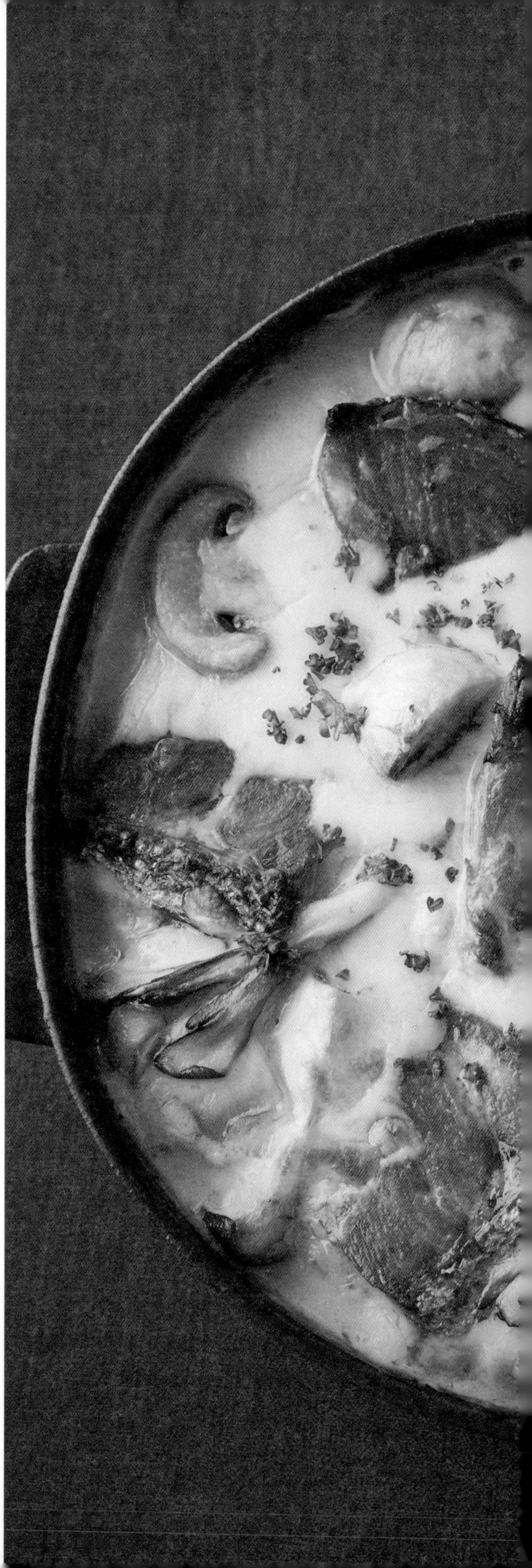

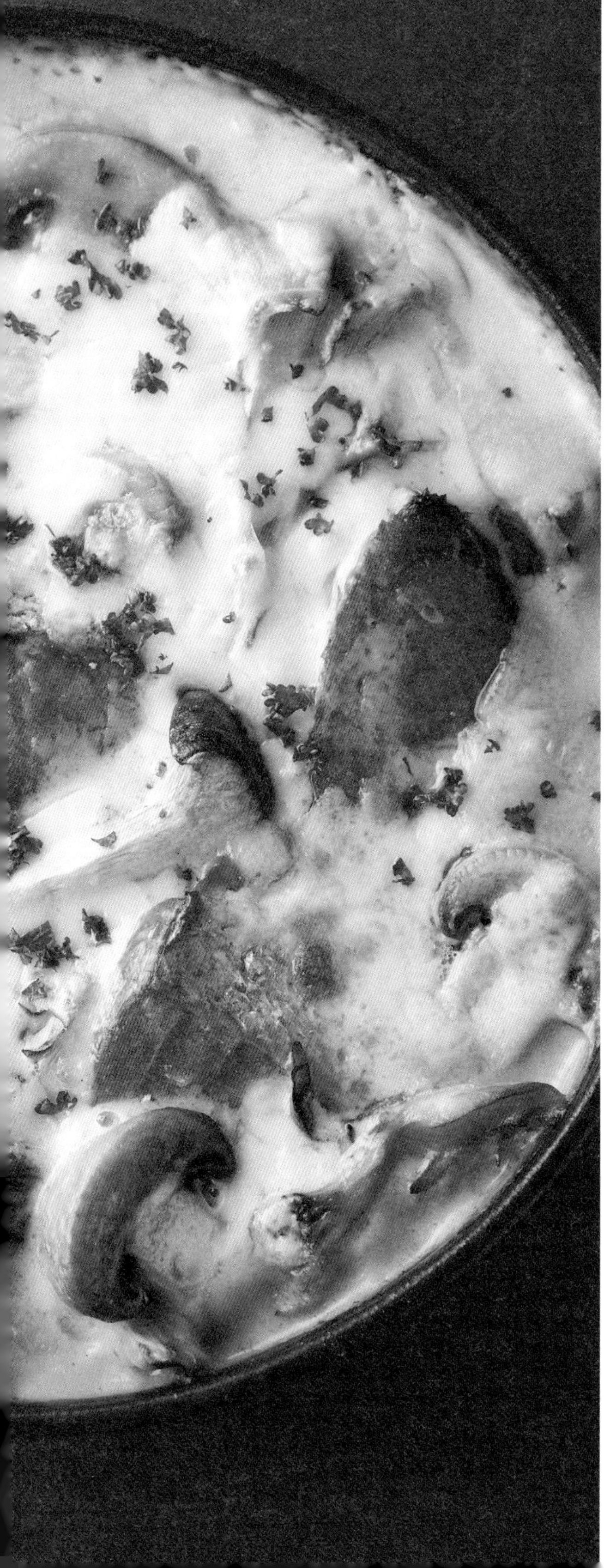

鮭ときのこのグラタン

重信初江

材料（2人分）

塩鮭（甘口・切身）…2切れ
マッシュルーム…5個　まいたけ…1パック（80g）
エリンギ…1本　たまねぎ…1/2個
サラダ油…小さじ1　薄力粉…大さじ2強

A バター…20g　サラダ油…小さじ1

B 白ワイン（または酒）…1/4カップ
塩…小さじ1/4　こしょう…少々

牛乳…1と1/2カップ　ピザ用チーズ…20g
パセリ（みじん切り・お好みで）…少々

作り方

1. たまねぎは薄切りにし、マッシュルームは半分に切る。まいたけは食べやすくほぐし、エリンギは長さを半分に切り、四つ割りにする。
2. 鮭は3等分に切る。フライパンに油を弱めの中火で熱し、鮭を2～3分焼き、返して2分ほど焼いていったん取り出す。
3. 2のフライパンをサッとふいてAを入れて中火で熱し、バターが溶けたらたまねぎを入れ、2～3分炒める。きのこを加えてさらに2分炒め、薄力粉をふる。弱めの中火にし、1分ほど炒める。
4. Bを加え、煮立ったら火を止め、牛乳を加えて混ぜる。弱火にかけ、とろみがつくまで混ぜながら2分ほど煮る。2を戻し入れる。
5. 耐熱の器に入れてチーズをちらし、オーブントースターで6～7分焼く。お好みでパセリをふる。

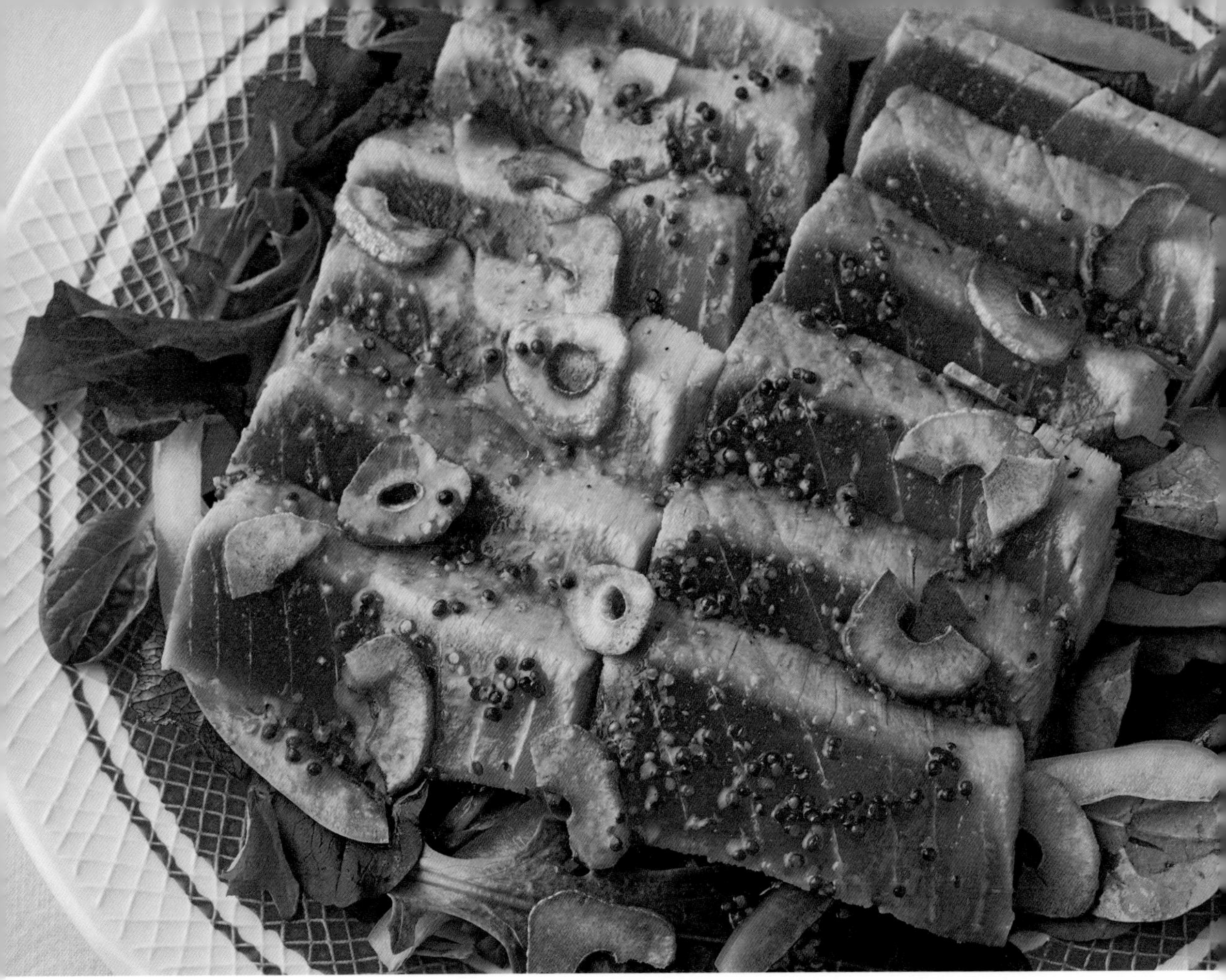

まぐろのレアステーキ

小林まさみ

164kcal
0.7g
15分

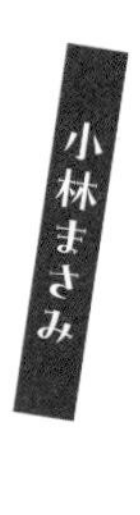

材 料（2〜3人分）

まぐろ（刺身用さく）…200〜250g　塩、こしょう…各少々
にんにく（薄切り）…1かけ分　オリーブ油…大さじ1と1/2

A| 水…大さじ1　しょうゆ…大さじ1/2　砂糖、酢…各小さじ1

粒マスタード…小さじ1　ベビーリーフ…1/2袋
パプリカ（黄・薄切り）…1/4個分

作り方

1. まぐろは室温に15分おき（時間外）、水気をふいて塩、こしょうをふる。
2. フライパンににんにく、オリーブ油を入れて中火で熱し、きつね色になったら取り出す。
3. 2の油を半量ほどペーパータオルでふき取り、まぐろを全面サッと焼いて取り出す（焼き汁は残しておく）。あら熱が取れたら、幅5mmのそぎ切りにする。
4. 3のフライパンにAを入れて中火で煮立て、火を止めて粒マスタードを混ぜる。
5. 器にベビーリーフとパプリカを広げ、3を盛って4をかけ、2を粗く割ってちらす。

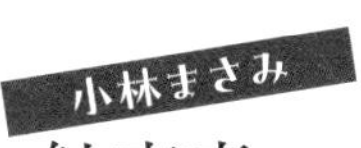

鮭南蛮

材 料（2人分）

生鮭（切身）…2～3切れ　片栗粉…適量　揚げ油…適量
ベビーリーフ…適量

A｜溶き卵…1/2個分　片栗粉…大さじ1と1/2　塩…少々
B｜ポン酢しょうゆ…大さじ1と1/2　砂糖…小さじ1/2
C｜きゅうりのピクルス（みじん切り）…小2本分
　マヨネーズ…大さじ2　牛乳…小さじ2/3
　砂糖…小さじ1/2　塩、こしょう…各少々

作り方

1. 生鮭はひと口大のそぎ切りにし、Aをもみ込み、1切れずつ片栗粉をまぶす。ボウルにBを混ぜ合わせる。
2. フライパンに揚げ油を深さ1cmほど入れて中温に熱し、1の鮭を入れ、返しながら5分ほどかけて揚げ焼きにする。1切れずつBにくぐらせ、器に盛る。
3. Cを混ぜ合わせて鮭にかけ、ベビーリーフを添える。

かれいとグリーンピースの白ワイン蒸し

材 料（2人分）

かれい（切身）…2切れ
グリーンピース（さやから出したもの）…100g

A｜白ワイン…大さじ2　塩、こしょう…各少々
B｜水…3/4カップ　塩…小さじ1/4　こしょう…少々

たまねぎ…1/2個　にんじん…1/6本　バター…20g
薄力粉…適量　白ワイン…1/2カップ

作り方

1. かれいにAをからめて15分ほどおき（時間外）、ペーパータオルで水気をふく。
2. たまねぎは幅7～8mmの薄切りにし、にんじんは7～8mm角に切る。
3. フライパンにバターを中火で溶かし、かれいに薄く薄力粉をまぶしつけて並べ、すき間にたまねぎを入れる。たまねぎを炒めながら、かれいを中火で3～4分焼き、上下を返して2分ほど焼く。
4. グリーンピース、にんじんを加えて白ワインを注ぎ、半量ほど煮詰める。Bを加え、ふたをして弱火で8～10分蒸し焼きにする。

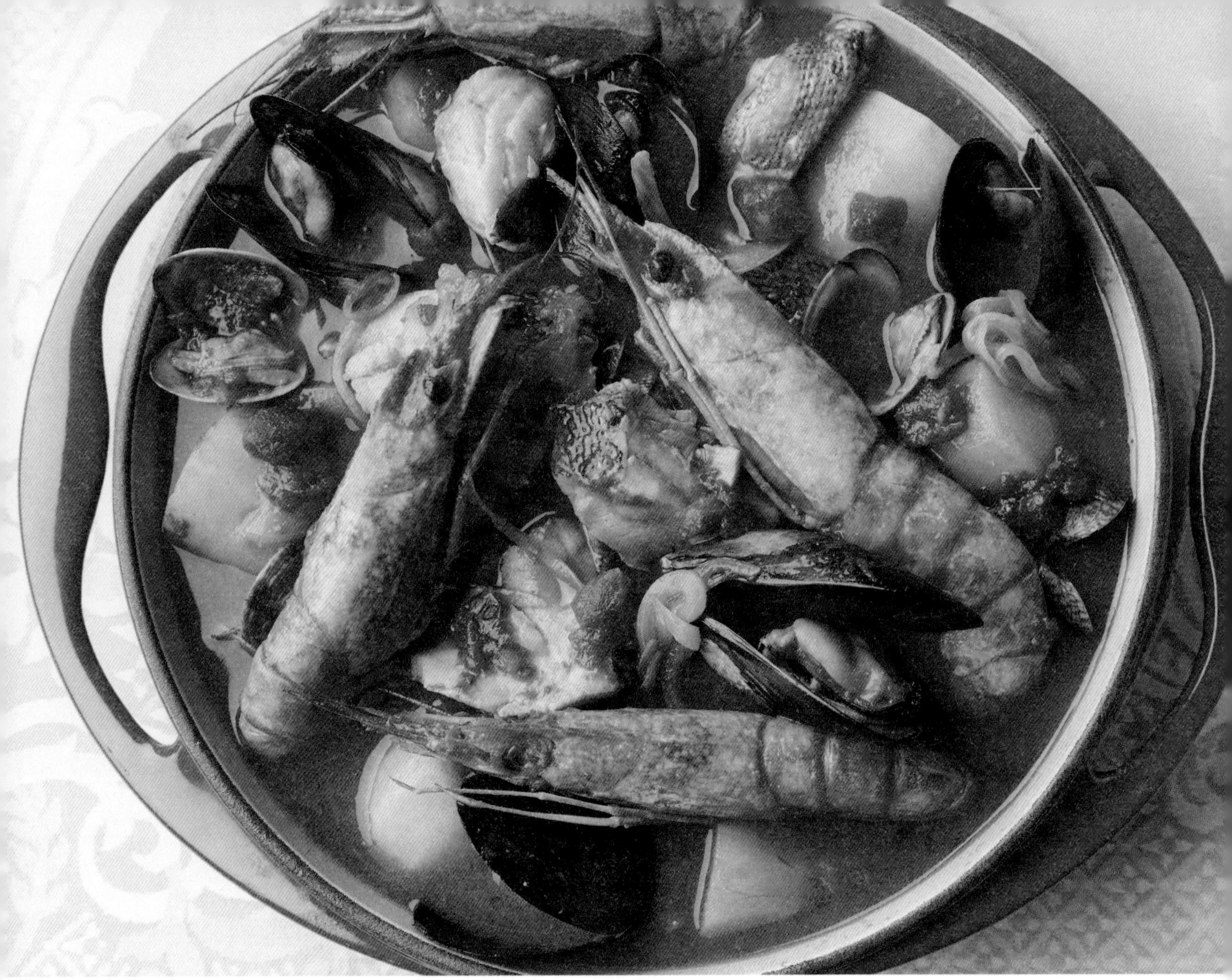

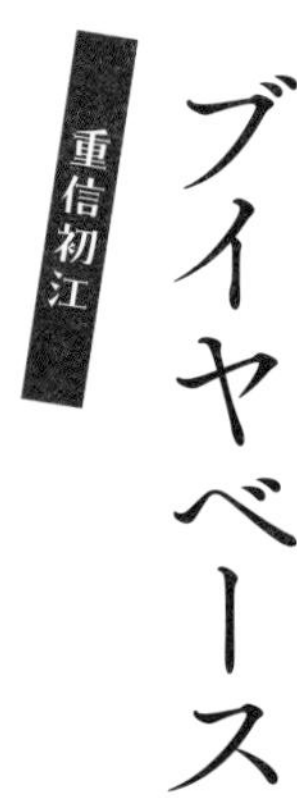

ブイヤベース

重信初江

216kcal
1.4g
25分

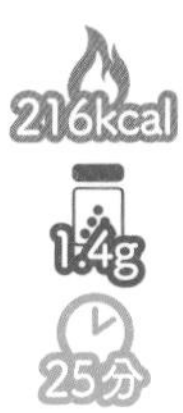

材 料（4人分）

赤えび（殻付き）…4尾　ムール貝（殻付き）…8個
あさり（殻付き・砂抜き済みのもの）…200g　生たら（切身）…3切れ
たまねぎ…1個　じゃがいも…2個　カットトマト（缶詰）…1缶（400g）
オリーブ油…大さじ1　白ワイン…1/2カップ

A サフラン（あれば）…ふたつまみ　水…1と1/2カップ　塩…小さじ1/3
こしょう…少々

作り方

1. えびは長いひげを切る。ムール貝は足糸を引き抜き、たわしでこすり洗いする。あさりは殻をこすり洗いする。たらはひと口大に切る。たまねぎは縦半分に切ってから縦に薄切りに、じゃがいもはひと口大に切る。
2. 鍋にオリーブ油とたまねぎを入れて中火で熱し、しんなりするまで炒める。じゃがいもを加えてひと炒めする。
3. 白ワインを加えて煮立て、A、カットトマトを加えて3〜4分煮る。1の魚介を加え、貝の口が開くまでさらに4〜5分煮る。

あじの南蛮漬け

材 料（2人分）

あじ（三枚おろし）…2尾分　たまねぎ…1/2個
パプリカ（赤）…1/2個

A | 赤唐辛子（小口切り）…少々　水…3/4カップ
酢…1/4カップ　しょうゆ、砂糖…各大さじ1
塩…少々

オリーブ油…大さじ2　薄力粉…適量

作り方

1. あじは小骨を取り、斜め半分に切る。たまねぎとパプリカは薄切りにする。
2. ボウルにAを混ぜ、たまねぎとパプリカを加えて混ぜる。
3. フライパンにオリーブ油を中火で熱し、あじに薄力粉を薄くまぶして並べ入れ、片面2分ずつ揚げ焼きにする。油をきって2に加え、15分以上おいて味をなじませる（時間外）。

15分

かきとほうれん草のクリーム煮

材 料（2人分）

かき（むき身・加熱用）…300g　たまねぎ（薄切り）…1/4個分
ほうれん草（冷凍）…200g　薄力粉…適量
サラダ油…大さじ1　白ワイン…1/3カップ

A | 生クリーム…1/2カップ　塩…小さじ1/4
こしょう…少々

作り方

1. かきはあら塩大さじ1（材料外）をふってやさしくもみ洗いし、汚れた泡が出てきたら水を数回替えてきれいになるまで洗い、水気をきる。ペーパータオルで水気をふき、薄力粉をまぶす。
2. フライパンに油を中火で熱して1を並べ、片面を1分ずつ焼く。
3. たまねぎを加えて1分炒め、ほうれん草を凍ったまま加え、白ワインを注ぎ入れ、強火にする。煮立ったら中火にし、Aを加え、少しとろみがつくまで1〜2分煮る。

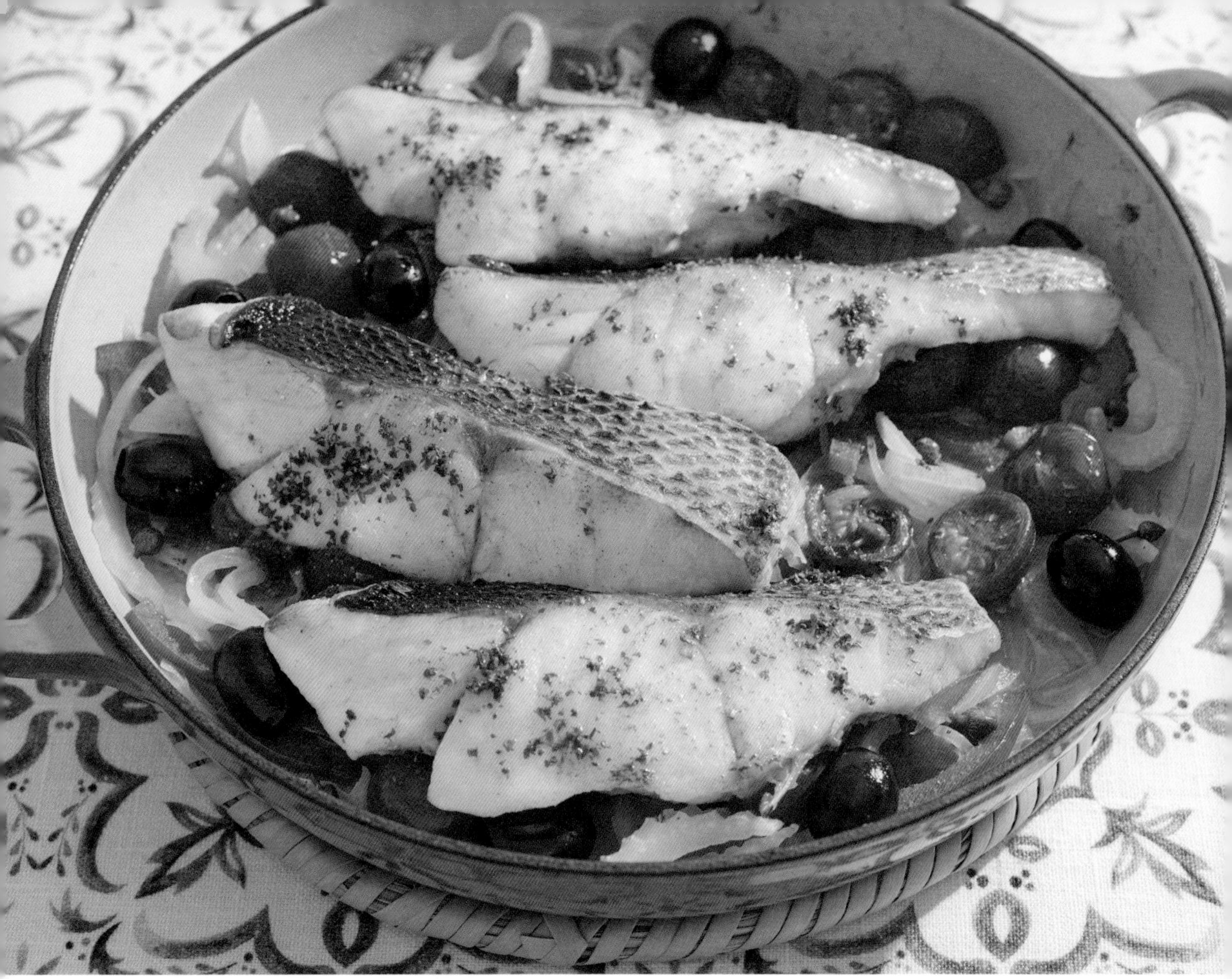

アクアパッツァ

重信初江

269kcal
1.6g
25分

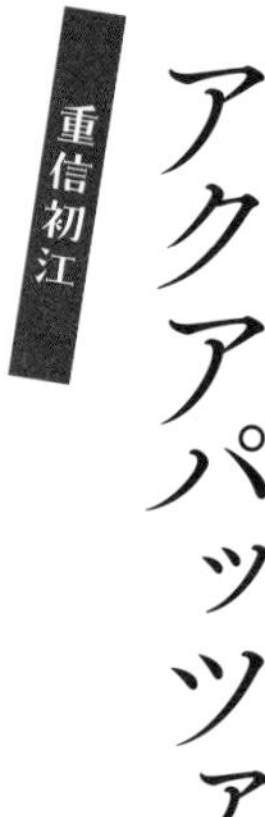

材料（4人分）

すずき（切身）…4切れ　たまねぎ…2個　セロリ…1本
パプリカ（赤）…1/2個　ミニトマト…12個　オリーブ（黒・種抜き）…12個
ケッパー…大さじ2　にんにく（薄切り）…1かけ分
塩、こしょう…各適量　オリーブ油…大さじ2　白ワイン…1/2カップ
パセリ（みじん切り）…適量

作り方

1. すずきは塩小さじ1/4、こしょう少々をふって10分ほどおく。たまねぎ、セロリは薄切りに、パプリカは縦半分に切って横向きに薄切りにする。ミニトマトは横半分に切る。
2. フライパンか浅めの鍋にオリーブ油大さじ1を強めの中火で熱してすずきを並べ、片面を2分ずつ焼いて取り出す。
3. 2のフライパンにオリーブ油大さじ1を入れて中火で熱し、にんにく、たまねぎを2〜3分炒める。塩小さじ1/2、こしょう少々をふり、セロリとパプリカを加えてさらに2分ほど炒める。
4. 2のすずきをのせ、オリーブとミニトマト、ケッパーをちらし、白ワインを注ぎ、ふたをして3〜4分蒸し煮にする。火を止め、パセリをちらす。

鯛のカルパッチョ

材料（2人分）

鯛（刺身用さく）…150g　ミニトマト…4個
たまねぎ（みじん切り）…1/8個分
パセリ（みじん切り）…大さじ1

A｜しょうが（すりおろし）…小さじ1/2
にんにく（すりおろし）…少々　オリーブ油…大さじ1
レモン汁…大さじ1/2　塩…小さじ1/4
こしょう…少々

作り方

1. 鯛は薄いそぎ切りにして器に並べ、ラップをかけて冷蔵庫で冷やす（時間外）。ミニトマトは8等分に切る。
2. 清潔な空き瓶にAを入れ、ふたをしてふり混ぜ、ドレッシングを作る。
3. 1の器にたまねぎ、ミニトマト、パセリを順にのせ、2をかける。

15分

鮭のみそマヨ焼き

材料（2人分）

鮭（切身）…2切れ　パプリカ（赤・黄）…合わせて1/2個

A｜酒…大さじ1　塩…少々
B｜マヨネーズ…大さじ2　みそ…大さじ1

作り方

1. 鮭にAをからめて15分ほどおき（時間外）、ペーパータオルで水気をふく。
2. パプリカは、それぞれ4〜5等分に切る。
3. 片面焼きのグリルに鮭を置き、すき間にパプリカを並べる。強めの中火で鮭は5〜6分焼き、パプリカは時々上下を返して4〜5分焼いて取り出す。
4. 鮭の上下を返して2分焼き、Bを混ぜて塗り、2〜3分焼く（こげやすいので注意）。器に鮭を盛り、パプリカを添える。

かきのジョン

材 料（2人分）

かき（加熱用）…大8個　赤ピーマン…1/4個　春菊…1本
薄力粉…適量　溶き卵…1個分　サラダ油…大さじ1

A｜しょうゆ…大さじ1　ごま油…大さじ1/2
　｜砂糖…小さじ1

作り方

1. 赤ピーマンは粗いみじん切りにし、春菊は葉先を摘む。ボウルにかきを入れ、あら塩大さじ1（材料外）をふってやさしくもみ洗いし、汚れた泡が出てきたら水を数回替えてきれいになるまで洗い、水気をきる。
2. かきの水気をペーパータオルで押さえ、薄力粉をまぶす。
3. フライパンに油を弱めの中火で熱し、かきに溶き卵をからめて並べ、乾かないうちに上面に赤ピーマン、春菊をバランスよくのせ、2〜3分焼く。返して弱火にし、1分ほど焼く。器に盛り、Aを混ぜて添える。

565kcal

さんまと秋野菜のオーブン焼き

材 料（2人分）

さんま…2尾　エリンギ…1本　まいたけ…1/2パック
かぼちゃ…1/16個（80g）　パプリカ（赤）…1/4
れんこん…80g　さつまいも…1/4本（80g）

A｜にんにく（すりおろし）…小さじ1
　｜オリーブ油…大さじ2　塩…小さじ2/3

粗びき黒こしょう…少々　すだち…1個

作り方

1. さんまは半分に切る。エリンギは縦4等分に切り、まいたけは食べやすくさく。かぼちゃは幅7〜8mmのくし形に、パプリカは横に幅1cmに切る。れんこんは皮をむき、さつまいもは皮付きのまま、ともに幅7〜8mmの輪切りにし、水にさらして水気をとる。
2. 天板にオーブンシートを敷く。Aの半量をボウルに入れて混ぜ、野菜ときのこを加えてからめ、天板に並べる。
3. 残りのAを2のボウルに入れて混ぜ、さんまを加えてからめ、2のすき間に並べる。250℃に予熱したオーブンで18〜20分焼く。器に盛り、黒こしょうをふり、すだちを半分に切って添える。

重信初江

404kcal 1.2g 15分

ぶりの焼き南蛮

材 料（2〜3人分）

ぶり（切身）…3切れ　たまねぎ…1/4個　にんじん…30g
セロリ…1/2本　ピーマン…1個　セロリの葉　3〜4枚

A｜赤唐辛子（小口切り）…少々　だし汁（または水）…1カップ
　｜しょうゆ、みりん、酢…各大さじ2

薄力粉…適量　サラダ油…大さじ2

作り方

1. たまねぎ、にんじん、セロリはそれぞれせん切りにする。ピーマンは縦半分に切って種とわたを取り、横に薄切りにする。セロリの葉はちぎる。バットにAを合わせ、野菜をすべて加えて混ぜる。
2. ぶりは4等分に切り、薄力粉を薄くまぶす。
3. フライパンに油を中火で熱し、ぶりを入れ、1〜2分焼く。返して2分ほど焼き、熱いうちに1に加えてからめる。

ほりえさわこ

300kcal 2.7g 20分

さわらの木の芽みそ焼き

材 料（2人分）

さわら（切身）…2切れ　木の芽…14枚　生しいたけ…2個
ピーマン…2個　新たまねぎ…1/2個　塩…少々
みそ、はちみつ…各大さじ2

作り方

1. さわらは塩をふる。木の芽は6枚を取り分け、残りは粗いみじん切りにする。しいたけは軸を取って半分に切る。ピーマンは縦4等分に切る。たまねぎはくし形切りにする。
2. みそとはちみつを混ぜ、1の粗いみじん切りにした木の芽を混ぜる。
3. オーブントースターの天板にアルミ箔を敷き、さわらの水気をふいてのせ、しいたけ、ピーマン、たまねぎものせる。2をそれぞれに塗り、オーブントースターで7〜8分焼く。
4. 器に盛り、取っておいた木の芽をさわらにのせる。

かつおのごまステーキ

材 料（2人分）

かつお（刺身用さく）…1さく（260g）　白いりごま…大さじ3
サラダ油…大さじ1　新たまねぎ…1/8個
パプリカ（黄）…1/8個　ベビーリーフ…1/2袋

A｜ポン酢しょうゆ…大さじ3
　｜新たまねぎ（すりおろし）…大さじ1

作り方

1. バットにごまを広げ、かつおを転がしながら全面にごまをつける。
2. フライパンに油を強めの中火で熱し、1の全面をサッと焼く（ごまがはりつけば良い）。あら熱を取り、厚さ1cmに切る。
3. 新たまねぎは薄切りにして水にさらし、水気をきる。パプリカはせん切りにする。
4. 3とベビーリーフを合わせて器にのせ、かつおを置き、Aを混ぜてかける。

えびととうもろこしのスパイシーチーズ焼き

材 料（2〜3人分）

赤えび（有頭・殻付き）…6尾　とうもろこし…1本
ピーマン…3個　マヨネーズ…大さじ2

A｜パン粉、粉チーズ…各大さじ3
　｜コンソメ（顆粒）…小さじ1
　｜パプリカパウダー（あれば）…適量
　｜カイエンペッパー（あれば）…少々

作り方

1. えびはひげと足をキッチンばさみで切り、背に包丁で切り目を入れ、殻ごと身を開く。背わたを取り、身に切り込みを深めに数本入れて筋を切る。
2. とうもろこしは長さを3等分に切り、縦半分に切る。ピーマンは半分に切る。
3. 天板にオーブンシートを敷き、1、2にマヨネーズを塗って並べる。Aを混ぜてふり、200℃に予熱したオーブンで8〜10分焼く。

ほりえさわこ

鮭のトースター焼き ヨーグルトソース

材 料（2人分）

塩鮭（甘口・切身）…2切れ
プレーンヨーグルト（無糖）…大さじ3　こしょう…少々

A　たまねぎ（粗いみじん切り）…1/2個分
マヨネーズ…大さじ3〜4
パセリ（みじん切り）…大さじ2　片栗粉…大さじ1
こしょう…少々

作り方

1. 鮭にこしょうをふり、耐熱の器に並べ、ヨーグルトをからめる。
2. Aを混ぜ、鮭の上に広げてのせ、オーブントースターで10〜15分焼く。

298kcal

かじきとブロッコリーのトマト煮

材 料（2人分）

かじき（切身）…2切れ　たまねぎ（薄切り）…1/4個分
ブロッコリー（冷凍）…100g

A　カットトマト（缶詰）…1/2缶（200g）　水…1/4カップ
コンソメ（顆粒）…小さじ1/2

塩、こしょう、薄力粉…各適量
オリーブ油…大さじ1

作り方

1. かじきは1切れを3等分に切り、塩、こしょう各少々をやや強めにふり、薄力粉を薄くまぶす。
2. フライパンにオリーブ油大さじ1/2を中火で熱し、かじきを並べ、両面に焼き色がつくまで焼きつけて取り出す。
3. フライパンにオリーブ油大さじ1/2を足し、たまねぎをしんなりするまで炒める。A、2、ブロッコリーを凍ったまま加え、2〜3分煮る。塩、こしょう各少々で味をととのえる。

刺身の薬味のり巻き

材 料（2〜3人分）

刺身（サーモン、まぐろ、かんぱち、いかなど）…250g
焼きのり（半切り）…4枚　塩…小さじ1/4
しょうが（せん切り）…1かけ分　青じそ…8枚
細ねぎ…1/2束　梅干し…1個

A | みりん、薄口しょうゆ、だし汁…各大さじ1

作り方

1. 刺身に塩、しょうがを混ぜる。
2. 巻きすにのり1枚を横に広げ、青じそ2枚をのせる。刺身の1/4量を並べ、細ねぎを芯にしてしっかり巻く。残りも同様にする。
3. 梅干しは種を取り除いて包丁でたたき、Aを混ぜ、ソースを作る。2を食べやすく切って器に盛り、ソースを添える。

さんまの山椒煮

材 料（2〜3人分）

さんま…3尾　ごぼう…80g　にんじん…1/3本

A | 水…3/4カップ　酒…1/2カップ
しょうゆ…大さじ1と1/2　みりん…大さじ1と1/2
粉山椒…小さじ1/3

作り方

1. さんまは頭を切り落とし、内臓ごと4等分に切る（内臓が苦手な場合は取り除く）。ごぼうは皮をこそげ落として長さ3〜4cmに切り、縦半分に切る。にんじんは長さ3〜4cmに切り、四つ割りにする。
2. フライパンにAを入れて中火にかけ、煮立ったら1を入れ、落としぶたをして弱めの中火で7〜8分煮る。

たらのフライ タルタルソース

材 料（2人分）

たら（切身）…3切れ　塩…少々　こしょう…少々
薄力粉…適量　溶き卵…適量　パン粉…適量

A｜かたゆで卵（粗いみじん切り）…1個分
｜パセリ（みじん切り）…大さじ1　マヨネーズ…大さじ3
｜酢…大さじ1　砂糖…小さじ2/3

揚げ油…適量　レタス（ちぎる）…2枚分

作り方

1. たらは半分に切り、塩、こしょうをふり、薄力粉、溶き卵、パン粉の順に衣をつける。Aは混ぜる。
2. フライパンに揚げ油を深さ1cmほど入れて中温に熱し、1のたらを入れて返しながら3～4分揚げる。器に盛り、A、レタスを添える。

たらのみそしょうが煮

材 料（2人分）

生たら（切身）…2切れ　にんじん…1/3本　長ねぎ…1/2本
みそ…大さじ1と1/3　酒、片栗粉…各大さじ1/2

A｜しょうが（せん切り）…1かけ分　水…1/3カップ
｜酒、みりん…各大さじ1　砂糖、しょうゆ…各大さじ1/2

作り方

1. たらは2つに切り、酒をふり、片栗粉をまぶす。にんじんはせん切りにする。長ねぎは幅7～8mmの斜め切りにする。
2. フライパンにA、にんじん、長ねぎを入れて中火にかけ、煮立ったらたらを加え、ふたをして3～4分煮る。みそを溶き入れ、1分ほど煮る。

さばと野菜の中華あん

材 料（2人分）

さば（半身）…2枚　パプリカ（黄）…1/2個
ブロッコリー（冷凍）…60g　さやいんげん（冷凍）…60g
しょうが（みじん切り）…小1かけ分

A｜しょうが汁…小1かけ分　しょうゆ、酒…各大さじ1
B｜水…1カップ　オイスターソース…大さじ1/2
砂糖、しょうゆ…各小さじ1
鶏がらスープ（顆粒）…小さじ1/2

薄力粉、揚げ油…各適量　片栗粉、水…各小さじ1

作り方

1. さばは3〜4等分に切り、Aをかけて10分ほどおき（時間外）、汁気をペーパータオルでふいて薄力粉をまぶす。パプリカは細切りにする。
2. フライパンに揚げ油を中温に熱し、さばを3分ほど揚げ、油をきって器に盛る。
3. フライパンの油を除き、しょうがを香りが立つまで炒め、パプリカを加えてサッと炒める。Bを加え、煮立ったらブロッコリー、いんげんを凍ったまま加え、火を少し弱めて混ぜながら1〜2分煮る。材料の水で溶いた片栗粉を加えてとろみをつけ、2にかける。

さばのマリネ焼き

材 料（2人分）

さば（半身）…1枚　たまねぎ…1/2個
パプリカ（黄）…1/2個　塩、こしょう…各適量

A｜セロリの葉やパセリの茎…適量　ローリエ…1枚
白ワイン…1カップ　オリーブ油…大さじ3
ドライハーブ（お好みのもの）…大さじ1

オリーブ油…大さじ1/2　レモン（半月切り）…適量
粗びき黒こしょう…少々

作り方

1. さばは半分に切って皮に切り込みを入れ、塩、こしょうをやや強めにふる。ジッパー付き保存袋に入れてAを加え、冷蔵庫で2時間おく（時間外）。
2. たまねぎは半分に切り、1枚ずつはがす。パプリカは縦4〜6等分に切る。
3. フライパンにオリーブ油を中火で熱して2を焼き、焼き色がついたら塩、こしょう各少々をふって取り出す。
4. さばの汁気をぬぐい、3のフライパンに並べて中火にかけ、両面を5〜6分かけて焼く。器に3とともに盛り、レモンを添えて、黒こしょうをふる。

武蔵裕子 365kcal 1.4g 15分

いわしのしそごま衣焼き

材 料（2人分）

いわし…4尾　塩…小さじ1/3　薄力粉…適量

A｜溶き卵…1個分　青じそ（粗いみじん切り）…3～4枚分
　｜白いりごま…大さじ1

サラダ油…大さじ1　キャベツ（ざく切り）…2枚分
トマト（くし形切り）…1/2個分

作り方

1. いわしは手開きにし、塩をふって薄力粉をまぶす。Aは混ぜる。
2. フライパンに油を弱めの中火で熱し、いわしにAをからめて並べ入れ（青じそが表面にのるようにする）、両面を3～4分かけて焼く。ふたをして弱火にし、さらに1分ほど蒸し焼きにする。
3. 器に盛り、キャベツとトマトを添える。

武蔵裕子 250kcal 1.7g 15分

いわしとたまねぎのレモン蒸し

材 料（2人分）

いわし…4尾　たまねぎ（薄切り）…1/4個分
レモン（国産・輪切り）…3～4枚

A｜レモン汁、酒…各大さじ2　はちみつ…小さじ1
　｜塩…小さじ1/2

オリーブ油…大さじ1/2
かいわれ菜（根元を切って長さ2cmに切る・あれば）…少々

作り方

1. いわしは頭と内臓を除き、水洗いして水気をふく。レモンはいちょう切りにする。
2. フライパンにいわしとたまねぎを入れ、Aを混ぜて回しかけ、オリーブ油も回しかける。レモンをのせ、ふたをして弱めの中火にかけ、5～6分蒸し焼きにする。器に盛り、かいわれ菜をちらす。

いさきのオリーブ油蒸し

材 料（2人分）

いさき…大1尾　塩、こしょう…各適量　ズッキーニ…1本
ミニトマト…8個　にんにく（薄切り）…1かけ分
オリーブ油…大さじ3　白ワイン…1/4カップ
レモン（くし形切り）…適量

作り方

1. いさきは内臓を取り除き、よく洗って水気をふく。身の厚いところに切り目を1本入れ、塩、こしょうをやや強めにふる。ズッキーニは幅1cmの輪切りにする。
2. フライパンにオリーブ油、にんにくを入れて弱火で熱し、いさきを加えて両面を焼きつける。ズッキーニ、ミニトマト、白ワインを加え、ふたをして7〜8分蒸し煮にする。器に盛り、レモンを添える。

金目鯛とわけぎの煮つけ

材 料（2人分）

金目鯛（切身）…2切れ　わけぎ…1/2束（100g）

A しょうゆ、酒…各大さじ2
　砂糖、みりん…各大さじ1　水…1と1/2カップ

作り方

1. わけぎは長さ3〜4cmに切る。
2. フライパンにAを入れて中火にかけ、煮立ったら金目鯛を皮を上にして並べ、わけぎの白い部分も入れる。再び煮立ったら落としぶたをし、強めの中火で5〜6分、煮汁が1/3量になるまで煮る（途中数回、煮汁を回しかける）。
3. 最後にフライパンを傾けながらもう一度煮汁を回しかけ、わけぎの青い部分を加えてサッと煮る。

小林まさみ

かきのオイスターソテー

材 料（2人分）

かき（加熱用）…200g　ほうれん草…3/4束（150g）
サラダ油…大さじ1と1/2　塩、こしょう…各少々
片栗粉…大さじ1

A｜オイスターソース…大さじ1/2　酒、水…各大さじ1
しょうゆ…小さじ2/3　砂糖…小さじ1/2
こしょう…少々

作り方

1. ほうれん草は熱湯でゆで、水にとって冷ます。水気をしぼり、長さ4cmに切ったらもう一度水気をしぼる。Aは混ぜ合わせておく。
2. かきは塩水（分量外）でやさしく洗い、流水でサッと洗って水気をよくふく。
3. フライパンに油大さじ1/2を強火で熱し、ほうれん草を炒め、塩、こしょうをふり、器に盛る。
4. 空いたフライパンに油大さじ1を足し、かきに片栗粉をまぶして並べる。両面をこんがりと焼き、Aを加えて炒め合わせる。3のほうれん草の上にのせる。

重信初江

ぶりのみそ煮

材 料（2人分）

ぶり（切身）…2切れ　にんじん…1/3本　塩…小さじ1/4

A｜水…3/4カップ　酒…1/4カップ
みそ…大さじ1と1/2　砂糖…大さじ1/2

細ねぎ（小口切り）…1〜2本分

作り方

1. ぶりは塩をふって15分ほどおき（時間外）、サッと洗って水気を取る。にんじんは六つ割りにする。
2. フライパンにAを煮立て、1を入れ、落としぶたをして弱めの中火で8〜10分煮る。器に盛り、細ねぎをのせる。

昼食献立の強い味方！

パスタセレクション

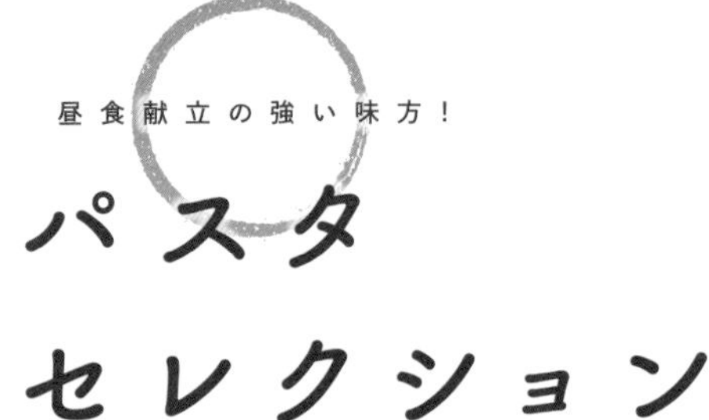

シンプルなものから、具だくさんのタイプまで20品をセレクト。パスタの軽さに合わせ、副菜や汁ものなどを加えてバランスを取りましょう。

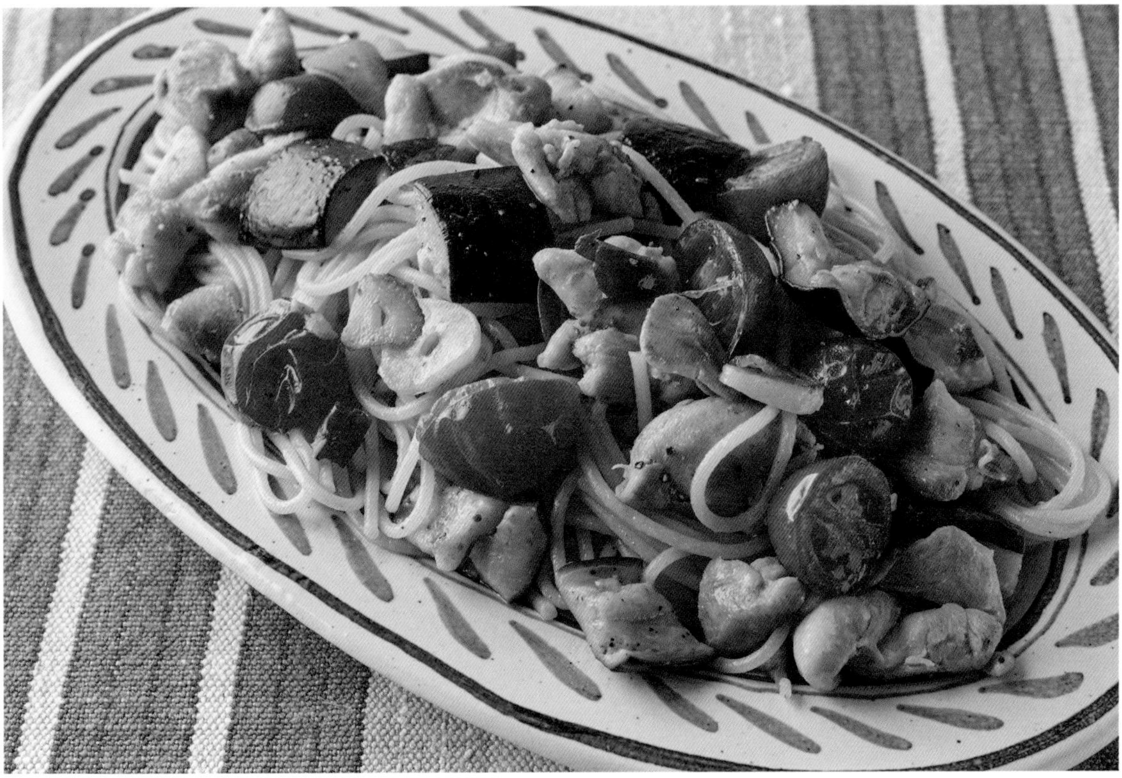

重信初江

823kcal 3.1g 20分

鶏となすのアーリオオーリオ

材料（2人分）

スパゲッティ…200g　鶏もも肉…1枚
なす（2cm角）…2本分
ミニトマト（半分に切る）…10個分
オリーブ油…大さじ2
にんにく（薄切り）…2かけ分
赤唐辛子（3〜4等分にちぎる）…1本分
塩…適量
こしょう、粗びき黒こしょう…各少々

作り方

1. 鶏肉は小さめのひと口大に切り、塩少々、こしょうをもみ込む。
2. 鍋に湯2Lを沸かして塩大さじ1（材料外）を入れ、スパゲッティを袋の表示時間より1分短くゆでる。ゆで汁大さじ4をとっておく。
3. フライパンにオリーブ油、にんにくを入れて弱火で2分炒め、鶏肉を加えて中火で3〜4分炒める。なす、赤唐辛子、塩小さじ1/3、黒こしょうを加えて2分炒め、ミニトマトを加えてサッと炒める。
4. スパゲッティとゆで汁を加え、手早く炒め合わせる。

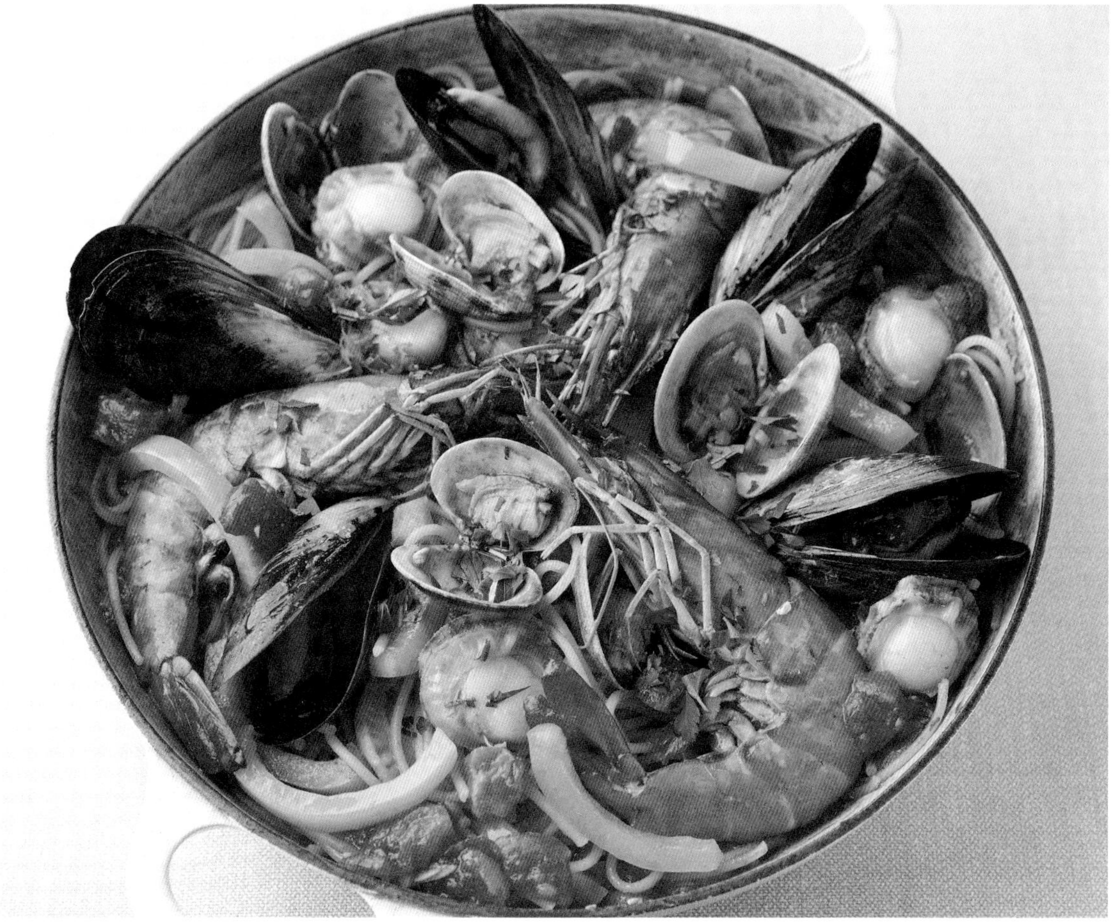

重信初江

フライパンペスカトーレ

402kcal
2.0g
25分

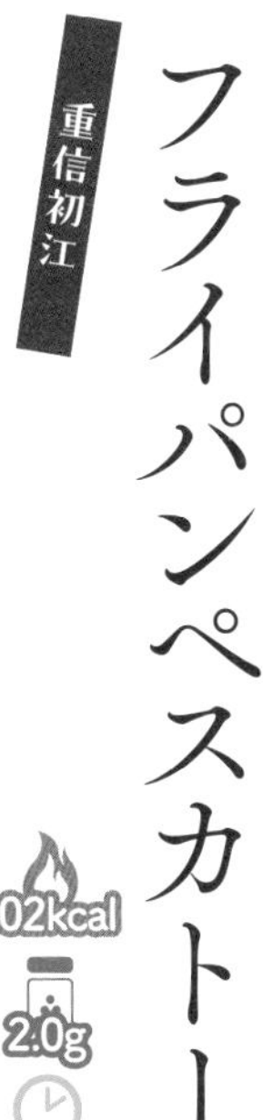

材 料（3〜4人分）

スパゲッティ（9分ゆで）…300g　えび（有頭・殻付き）…3尾
ムール貝…5個　あさり（砂出ししたもの）…200g
ベビーほたて…100g　パプリカ（黄）…1/4個
にんにく（みじん切り）…1かけ分　オリーブ油…適量
白ワイン…1/4カップ　イタリアンパセリ（粗いみじん切り）…少々

A 水…2と1/2カップ　カットトマト（缶詰）…1缶（400g）
塩…小さじ1/3　こしょう…少々

作り方

1. えびは背わたを取り、ひげをキッチンばさみで切る。ムール貝は足糸を引き抜き、殻を金たわしなどでこすって洗う。あさりは殻をこすり合わせて洗う。パプリカは横に幅5mmに切る。
2. フライパンにオリーブ油小さじ1を強めの中火で熱してえびを並べ、2分ほど焼く。ほたて、パプリカを加えて炒め合わせ、白ワインをふり、汁気がなくなったらいったん取り出す。
3. **2**のフライパンにオリーブ油大さじ1を中火で熱し、にんにくを炒め、**A**を加える。煮立ったらスパゲッティを半分に折って入れ、混ぜながら2分煮る。ムール貝、あさりを加えてふたをし、弱火で5分煮る。
4. スパゲッティをほぐし、**2**を戻し入れ、混ぜながらさらに1〜2分煮る。イタリアンパセリをふる。

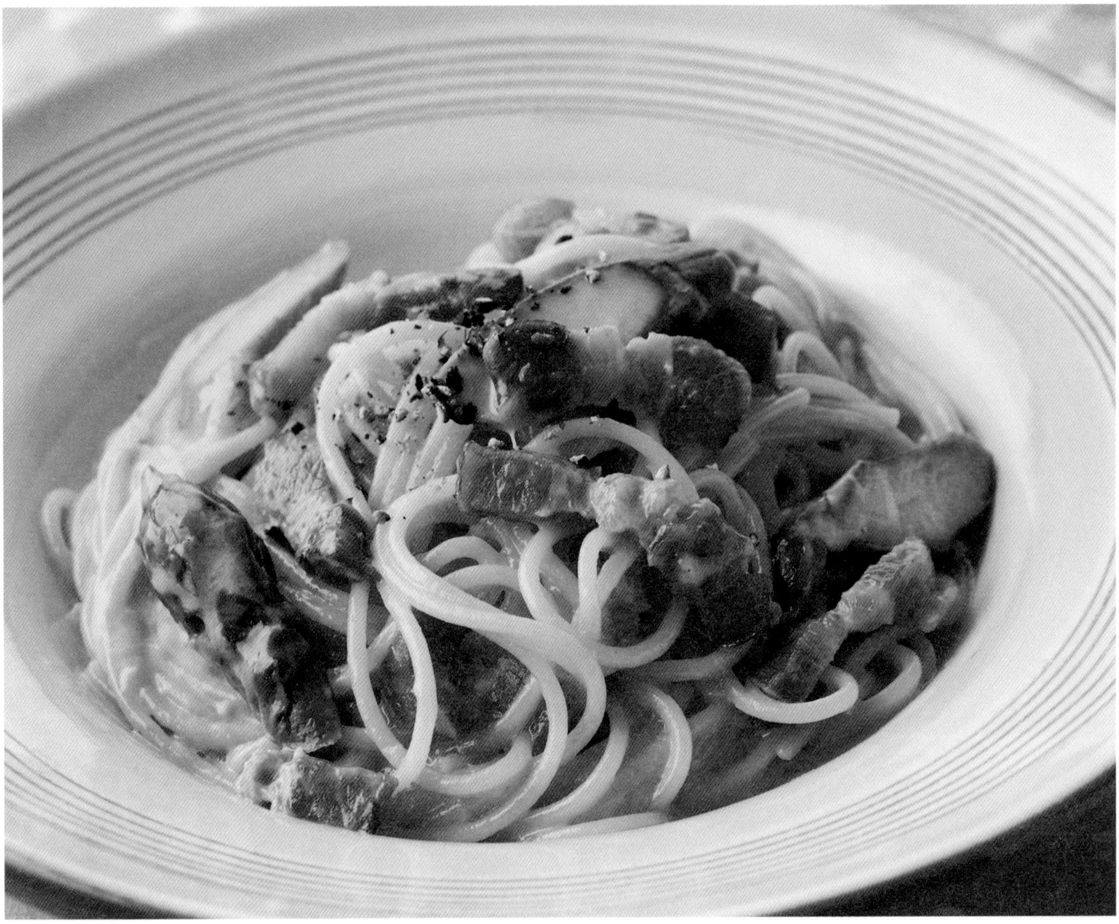

アスパラ入りカルボナーラ

小林まさみ

758kcal
2.0g
20分

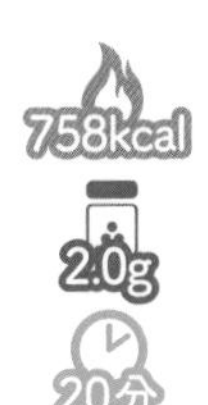

材料（2〜3人分）

スパゲッティ…200g　ベーコン（かたまり）…100g
アスパラガス…5本（100g）　にんにく（みじん切り）…小さじ2

A 卵（室温に戻したもの）…3個
パルメザンチーズ（または粉チーズ）…1/2カップ（20g）

生クリーム（乳脂肪分45%）…3/4カップ　オリーブ油…大さじ1
粗びき黒こしょう…少々

作り方

1. ベーコンは細切りにする。アスパラは根元のかたいところを切り、皮を根元から3cmほどむき、幅5mmの斜め切りにする。大きめのボウルに**A**を混ぜる。
2. 鍋に湯2Lを沸かして塩大さじ1（材料外）を入れ、スパゲッティを袋の表示時間より2分短くゆでる。ゆで上がり1分前にアスパラを加えてゆで、一緒にざるに上げて湯をきる。
3. フライパンにオリーブ油、にんにく、ベーコンを入れ、強めの中火にかける。フツフツしたら弱火にし、ベーコンがカリッとし、にんにくが色づくまで炒める。生クリームを加えてひと煮立ちさせ、火を止める。
4. **2**を**3**に加え、再び強めの中火にかけて炒め、**1**のボウルに加えて手早く混ぜる。器に盛り、黒こしょうをふる。

チキントマトパスタ

小林まさみ

420kcal
3.6g
20分

材 料（2人分）

ショートパスタ（ペンネ）…120g　鶏もも肉…200g
カットトマト（缶詰）…1/2缶（200g）　塩、こしょう…各少々
オリーブ油…大さじ1　たまねぎ（みじん切り）…1/4個分
にんにく（みじん切り）…大さじ1　赤唐辛子（種ごと半分にちぎる）…2本分

A｜水…1と3/4カップ　塩…小さじ2/3　こしょう、砂糖…各少々

オリーブ（黒・スライス）…30g　粉チーズ…適量
パセリ（みじん切り）…少々

作り方

1. 鶏肉はひと口大に切り、塩、こしょうをもみ込む。
2. 厚手の鍋にオリーブ油を強めの中火で熱し、鶏肉の両面をこんがり焼き、火を止めて取り出す。
3. たまねぎ、にんにく、赤唐辛子を加え、中火でしんなりするまで炒める。
4. **A**、カットトマト、オリーブ、ペンネを加えて混ぜ、ひと煮立ちさせる。鶏肉を戻し入れ、ふたをして弱めの中火で時々混ぜながらパスタの袋の表示時間より2分ほど長く煮る。
5. 器に盛り、粉チーズ、パセリをふる。

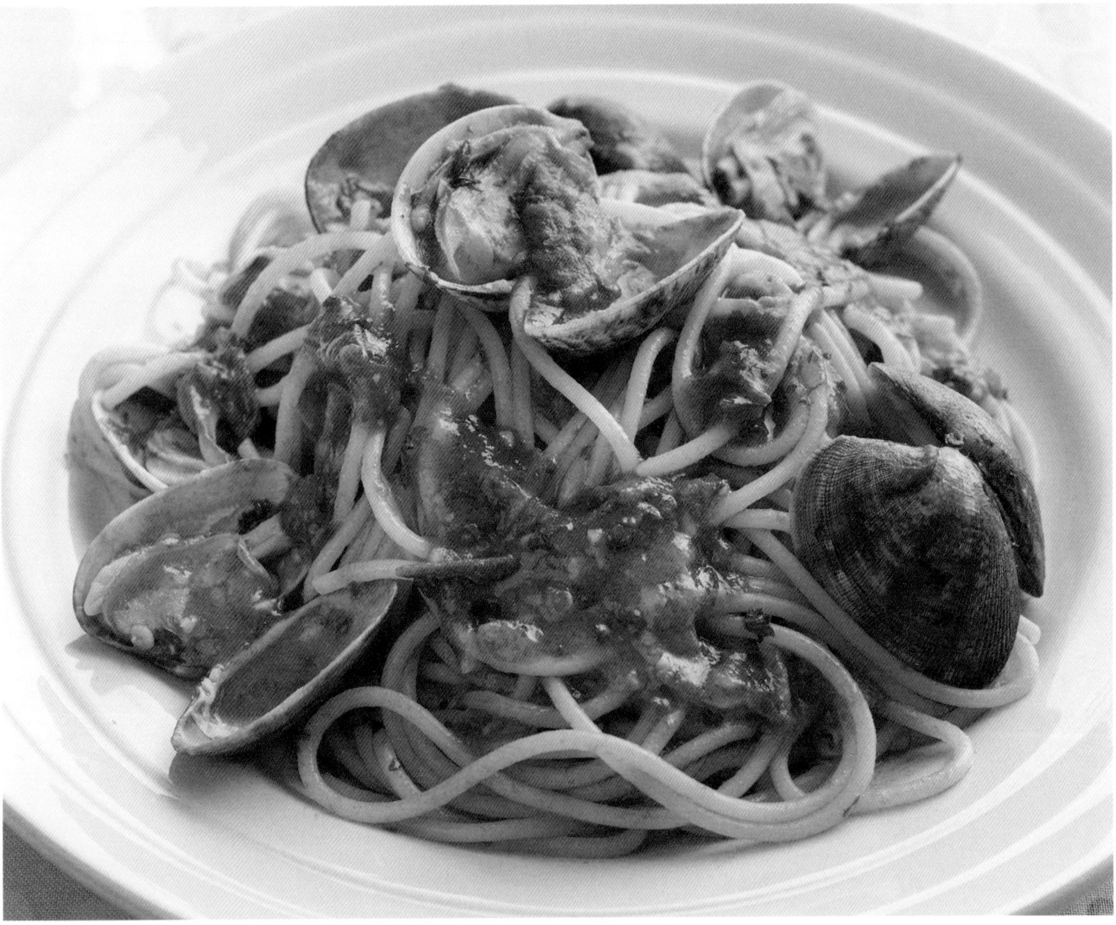

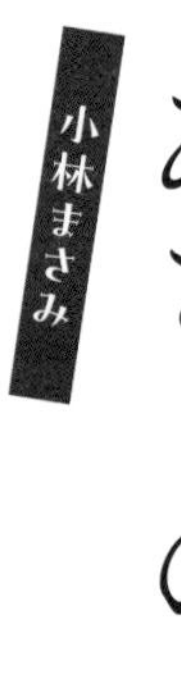

あさりのパスタ

小林まさみ

581kcal
2.7g
20分

✻材料（2人分）

スパゲッティ…200g　あさり（砂抜きしたもの）…250g
にんにく（みじん切り）…小さじ1　赤唐辛子（種を取る）…1本分
トマト（2cmの角切り）…大2個分　オリーブ油…大さじ2
パセリ（みじん切り）…大さじ2　塩、こしょう…各少々

✻作り方

1. あさりは殻をこすり合わせるようにして洗う。
2. 鍋に湯2Lを沸かして塩大さじ1と1/3（材料外）を入れ、スパゲッティを袋の表示時間より2〜3分短くゆで、ざるに上げて湯をきる。
3. フライパンにオリーブ油、にんにく、赤唐辛子を入れて強めの中火で熱し、香りが立ったらトマトを加え、つぶしながら2分ほど煮る。**1**を加え、ふたをして1〜2分蒸し焼きにし、あさりの殻が1〜2個開いたら火を止める。
4. **3**に**2**とパセリを加え、炒め合わせる。味をみて、塩、こしょうで味をととのえる。

アボカドのクリームパスタ

767kcal
2.4g
20分

材料（2人分）

スパゲッティ…200g　アボカド…大1個　ベーコン…3枚
たまねぎ…1/4個　オリーブ油…大さじ1　薄力粉…大さじ2と1/2
牛乳…2/3カップ　コンソメ（顆粒）…小さじ1/3　塩、こしょう…各少々

作り方

1. 鍋に湯2Lを沸かして塩大さじ1（材料外）を入れ、スパゲッティを袋の表示時間通りにゆでる。
2. アボカドは皮と種を取り、小さめのひと口大に切る。ベーコンは幅1cmに切る。たまねぎは薄切りにする。
3. フライパンにオリーブ油を中火で熱し、ベーコン、たまねぎを炒める。薄力粉をふり入れて粉っぽさがなくなるまで炒め、牛乳、コンソメ、アボカドを加え、軽くとろみがつくまで煮る。塩、こしょうで味をととのえ、**1**の湯をきって加え、手早くからめる。

重信初江

488kcal 3.6g 20分

えびとアスパラのスパゲッティ

材 料（2人分）

スパゲッティ…160g　むきえび…120g
アスパラガス…4本　たまねぎ…1/4個
にんにく（薄切り）…1かけ分
オリーブ油…大さじ1と1/2

A｜白ワイン（または酒）…大さじ1
　｜塩、こしょう…各少々
B｜塩…小さじ1/3　こしょう…少々

作り方

1. えびは背わたを取り、Aをからめる。アスパラは根元のかたい皮をむき、斜め切りにする。たまねぎは薄切りにする。
2. 鍋に湯2Lを沸かして塩大さじ1（材料外）を入れ、スパゲッティを袋の表示時間通りにゆで、ざるに上げる（ゆで汁はとっておく）。
3. フライパンにオリーブ油を弱火で熱し、にんにくを香りが立つまで炒める。えび、アスパラ、たまねぎを加えて強めの中火にし、2〜3分火が通るまで炒める。
4. 2を加え、Bとスパゲッティのゆで汁大さじ3を入れて混ぜ合わせる。

小林まさみ

465kcal 3.4g 10分

ベビーほたてとトマトの冷製パスタ

材 料（2〜3人分）

スパゲッティ…200g　ベビーほたて（生食用）…160g
トマト（1cmの角切り）…2個分

A｜バジルの葉（小さくちぎる）…6枚分
　｜しょうが（すりおろし）…小さじ1/2
　｜にんにく（すりおろし）…小さじ1/4
　｜オリーブ油…大さじ3と1/2
　｜レモン汁…大さじ1と1/2
　｜塩…小さじ1　こしょう…少々

作り方

1. ボウルにほたて、トマト、Aを混ぜ合わせ、冷蔵庫で30分ほど冷やす。
2. 鍋に湯2Lを沸かして塩大さじ1（材料外）を入れ、スパゲッティを袋の表示時間より1分長くゆでる。湯をきって冷水で冷まし、ざるに上げて水気をしっかりきる。
3. 1に2を加えて混ぜ合わせ、器に盛る。

石原洋子 783kcal 3.6g 20分

えびとしめじのホワイトナポリタン

材料（2人分）

スパゲッティ…200g　むきえび…100g
しめじ…1パック　たまねぎ（薄切り）…1/2個分
塩、こしょう…各適量　オリーブ油…大さじ1
トマトケチャップ…大さじ6　生クリーム…1/2カップ
パセリ（みじん切り）…適量

作り方

1. 鍋に湯2Lを沸かして塩大さじ1を入れ、スパゲッティを袋の表示時間通りにゆでる。ゆで汁大さじ3〜4をとっておく。
2. えびは背わたを取って洗い、水気をふいて塩、こしょう各少々をふる。しめじは小房に分ける。
3. フライパンにオリーブ油を中火で熱し、たまねぎをしんなりするまで炒める。しめじを加えて炒め、えびを加えて色が変わるまで炒める。ケチャップ、塩、こしょう各少々を加えて炒める。
4. スパゲッティを湯をきって加え、生クリーム、1のゆで汁を加え、全体にからむまで炒める。器に盛り、パセリをふる。

藤野嘉子 669kcal 3.1g 20分

えびとチーズのトマトクリームパスタ

材料（2人分）

フェットチーネ…160g　生食用蒸しえび…100g
トマト…1個　カマンベールチーズ…100g
バター…30g　牛乳…80ml
トマトケチャップ…大さじ1　塩、こしょう…各少々

作り方

1. 鍋に湯2Lを沸かして塩大さじ1（材料外）を入れ、フェットチーネを袋の表示時間通りにゆでる。
2. トマトは1cmの角切りにし、ざるに入れて水気をきる。カマンベールチーズは放射状に12等分に切る。
3. フライパンにバターを中火で溶かし、トマトを炒める。角が少しくずれてきたら牛乳、ケチャップ、えび、カマンベールチーズを加えてからめる。
4. フェットチーネを加えてからめ、塩、こしょうで味をととのえる。

かきと小松菜のスパゲッティ

材 料（2人分）

スパゲッティ…200g　かき（加熱用）…200g
小松菜…1/2束　パプリカ（赤）…1/4個
にんにく（薄切り）…大1かけ分

A｜酒…大さじ1　オイスターソース…小さじ1と1/2
｜しょうゆ…小さじ1　こしょう…少々

バター…大さじ2　薄力粉…適量

作り方

1. かきは塩水で洗い、水気をふく。小松菜は長さ5cmに切り、茎と葉に分ける。パプリカは幅5mmの斜め切りにする。**A**は混ぜる。
2. 鍋に湯2Lを沸かして塩大さじ1（材料外）を入れ、スパゲッティを袋の表示時間より2分短くゆでる。ゆで汁1〜3カップを取り分け、ざるに上げる。
3. フライパンにバター大さじ1を強めの中火で溶かし、かきに薄力粉をまぶして並べ、両面を2分ほどかけて焼き、取り出す。
4. フライパンをふいてバター大さじ1を中火で溶かし、にんにく、小松菜の茎、パプリカを入れてしんなりするまで炒める。スパゲッティ、小松菜の葉、**3**、**2**のゆで汁、**A**を加え、強火で炒め合わせる。

ほたるいかのごまクリームパスタ

材 料（2人分）

スパゲッティ…160g　ほたるいか…100〜120g
さやえんどう…80g　長ねぎ（みじん切り）…1/2本分
オリーブ油…大さじ1　薄力粉…大さじ1と1/2
牛乳…1と1/2カップ　白すりごま…大さじ2
塩、こしょう…各適量

作り方

1. さやえんどうは筋を取り、斜めせん切りにする。
2. 鍋に湯2Lを沸かして塩大さじ1（材料外）を入れ、スパゲッティを袋の表示時間通りにゆでる。スパゲッティがゆで上がる1分前にさやえんどうを入れ、一緒にざるに上げる。
3. フライパンにオリーブ油を熱し、長ねぎを炒める。しんなりしたら薄力粉をふり入れ、まんべんなく炒め合わせる。粉っぽさがなくなったら牛乳を加えて1〜2分煮る。
4. ほたるいかを加えて1分ほど煮たら、ごま、塩、こしょうを加える。スパゲッティとさやえんどうを加え、サッとからめる。

重信初江 750kcal 3.7g 15分

牛肉ときのこのスパゲッティ

材 料（2人分）

スパゲッティ…200g　牛肉（切り落とし）…200g
まいたけ…1パック　生しいたけ…3個
細ねぎ…2～3本　バター…15g

A｜酒、しょうゆ…各大さじ1
　｜塩、粗びき黒こしょう…各少々

作り方

1. 牛肉は食べやすい大きさに切る。まいたけは食べやすい大きさにほぐし、生しいたけは石づきを取って薄切りにする。細ねぎは幅1cmの斜め切りにする。
2. 鍋に湯2Lを沸かして塩大さじ1（材料外）を入れ、スパゲッティを袋の表示時間より1分短くゆでる。
3. フライパンにバターを中火で溶かし、牛肉を強めの中火で1分炒める。まいたけ、しいたけを加えて2分ほど炒め、Aで調味する。2の湯をきって加え、全体になじむまで炒める。器に盛り、細ねぎをちらす。

武蔵裕子 918kcal 2.4g 20分

ベーコンとブロッコリーのクリームパスタ

材 料（2人分）

スパゲッティ…160g　ベーコン…2枚
ブロッコリー…1/3個　オリーブ油…大さじ1
薄力粉…大さじ1　生クリーム…1カップ
牛乳…1/3カップ　コンソメ（顆粒）…小さじ1/3
塩…小さじ1/2　こしょう…少々

作り方

1. ベーコンは小さめの角切りにする。ブロッコリーは小房に分け、粗いみじん切りにする。
2. 鍋に湯2Lを沸かして塩大さじ1（材料外）を入れ、スパゲッティを袋の表示時間通りにゆで、ざるに上げて水気をきり、オリーブ油大さじ1/2をからめる。
3. フライパンにオリーブ油大さじ1/2を中火で熱し、1を炒める。薄力粉をふり入れて粉っぽさがなくなるまで炒めたら、弱めの中火にし、生クリームを2～3回に分けて加える。
4. 牛乳を加えてのばし、コンソメを加える。ひと煮して塩、こしょうで味をととのえ、火を止める。2のスパゲッティを加えてからめる。

ペンネジェノベーゼ

材料（4〜5人分）

ショートパスタ（ペンネ）…350g
バジル（葉）…30g

A カシューナッツ（無塩）…160g
にんにく（薄切り）…小1/2かけ分
粉チーズ…大さじ4
塩、こしょう…各少々

オリーブ油…3/4カップ

作り方

1. ミキサーにA、オリーブ油を入れ、ピューレ状になるまで混ぜ、バジルをちぎって加え、さらに混ぜる。
2. ペンネは袋の表示時間通りにゆで、ざるに上げて湯をきる。
3. ボウルに1、ペンネを入れて混ぜ合わせる。

たらこスパゲッティ

材料（2人分）

スパゲッティ…200g
たらこ…60g

A バター…15g
昆布茶…小さじ1　塩…少々

刻みのり…適量
青じそ（せん切り）…5枚分

作り方

1. 鍋に湯2Lを沸かして塩大さじ1（材料外）を入れ、スパゲッティを袋の表示時間通りにゆでる。ゆで汁大さじ3をとっておく。
2. たらこは幅5mmに切ってボウルに入れ、Aを加える。
3. スパゲッティの湯をきってゆで汁とともに2に加え、手早くあえる。
4. 器に盛り、のりと青じそをのせる。

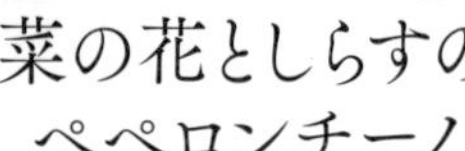

菜の花としらすのペペロンチーノ

材料（2人分）

スパゲッティ…200g
しらす干し…15g
菜の花（長さを半分に切る）…1束分
オリーブ油…大さじ4
にんにく（粗いみじん切り）…1かけ分
赤唐辛子（小口切り）…1本分

作り方

1. フライパンにオリーブ油、にんにく、赤唐辛子を入れて強火にかけ、フツフツしたら弱火にして炒める。薄いきつね色になったら火を止め、ざるに上げて油と分ける。
2. 鍋に湯2Lを沸かして塩大さじ1（材料外）を入れ、スパゲッティを袋の表示時間より1分短くゆでる。ゆで上がる1分前に菜の花を加え、一緒にざるに上げる。ゆで汁は70mlとっておく。
3. 1のフライパンに2（ゆで汁も）、1（油も）を入れて強火にかけ、混ぜながら炒める。器に盛り、しらすをのせる。

明太子スパゲッティ

材 料（2人分）

スパゲッティ…200g
明太子…100g　たまねぎ…1/4個
三つ葉…1/2束
オリーブ油…大さじ1/2

作り方

1. 鍋に湯2Lを沸かして塩大さじ1（材料外）を入れ、スパゲッティを袋の表示時間通りにゆでる。ゆで汁大さじ3をとっておく。
2. 明太子は幅1cmに切る。たまねぎは薄切りにする。三つ葉は長さ3cmに切る。
3. フライパンにオリーブ油を中火で熱し、たまねぎを1〜2分炒める。**1**のスパゲッティとゆで汁、明太子を加えてからめ、三つ葉を加えて手早く炒める。

サーモンのクリームパスタ

材 料（2人分）

スパゲッティ…200g
サーモン（刺身用さく）…120g
ほうれん草…1/2束
たまねぎ…1/4個
塩、こしょう…各少々
バター…10g　白ワイン…大さじ2
生クリーム…1/2カップ
牛乳…1/2カップ　粉チーズ…15g

作り方

1. サーモンは縦半分に切って幅7mmに切り、塩、こしょうをふる。ほうれん草は長さ3cmに切る。たまねぎは薄切りにする。
2. 鍋に湯2Lを沸かして塩大さじ1（材料外）を入れ、スパゲッティを袋の表示時間通りにゆでる。ゆで上がる1分前に、ほうれん草を加えて一緒にゆでる。ゆで汁1/4カップをとっておく。
3. フライパンにバターを中火で溶かし、たまねぎ、サーモンを炒める。たまねぎが透き通ったら、白ワインを加えて軽く煮て、生クリームと牛乳を加える。スパゲッティとほうれん草、ゆで汁を順に加えてからめ、粉チーズを混ぜる。

ブロッコリーとソーセージの一発ナポリタン

材 料（2人分）

スパゲッティ（9分ゆで、太さ1.7mm）…200g
ウインナソーセージ…4〜5本
ブロッコリー…1/3株
たまねぎ…1/2個
水…2と1/3カップ
コンソメ（顆粒）…小さじ1/2
トマトケチャップ…大さじ6
塩、こしょう…各少々
バター…大さじ1

作り方

1. ソーセージは3等分の斜め切りにする。ブロッコリーは小さめの小房に分ける。たまねぎは幅1cmに切る。
2. フライパンに材料の水を入れ、スパゲッティを半分に折って加え、ふたをして強めの中火にかける。煮立ったらサッと混ぜ、ふたをして弱めの中火で蒸し煮にする。6分たったら**1**を加え、ふたをして3分加熱する。
3. ふたを取って強めの中火にし、コンソメを加え、1〜2回混ぜながら水分をしっかりとばす。ケチャップを加えてなじむまで炒め、塩、こしょうをふり、バターを加えてなじませる。

PART 5

炒めもののとっておき

サッと作れてメインを張れる
『ふれ愛交差点』でも
定番の炒めものから30品をセレクト。
野菜は旬のものに置き換えて作っても
大丈夫です。

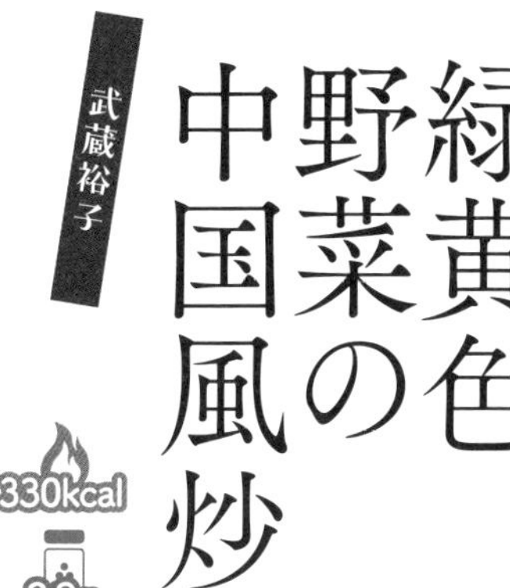

緑黄色野菜の中国風炒め

武蔵裕子

330kcal
2.9g
15分

材 料（2人分）

豚ロース肉（薄切り）…150g　小松菜…1/2束
にんじん…1/3本　パプリカ（黄）…1個
酒…大さじ1　片栗粉…大さじ1/2

A
ザーサイ（みじん切り）…40g
しょうが（みじん切り）…小1かけ分
オイスターソース…大さじ1　酒…大さじ1/2
しょうゆ…小さじ1　砂糖…小さじ1/2

ごま油…大さじ1

作り方

1. 豚肉は長さ2～3cmに切り、酒をふって片栗粉をまぶす。小松菜は長さ4cmに切る。にんじんは長さ4cmのせん切りにする。パプリカは細切りにする。Aは混ぜる。
2. フライパンにごま油を中火で熱し、豚肉をほぐしながら炒める。色が変わったら、にんじんを加えて1分ほど炒める。パプリカを加えて1～2分炒め、Aを加えて全体になじむまで炒める。小松菜を加え、強火で手早く炒める。

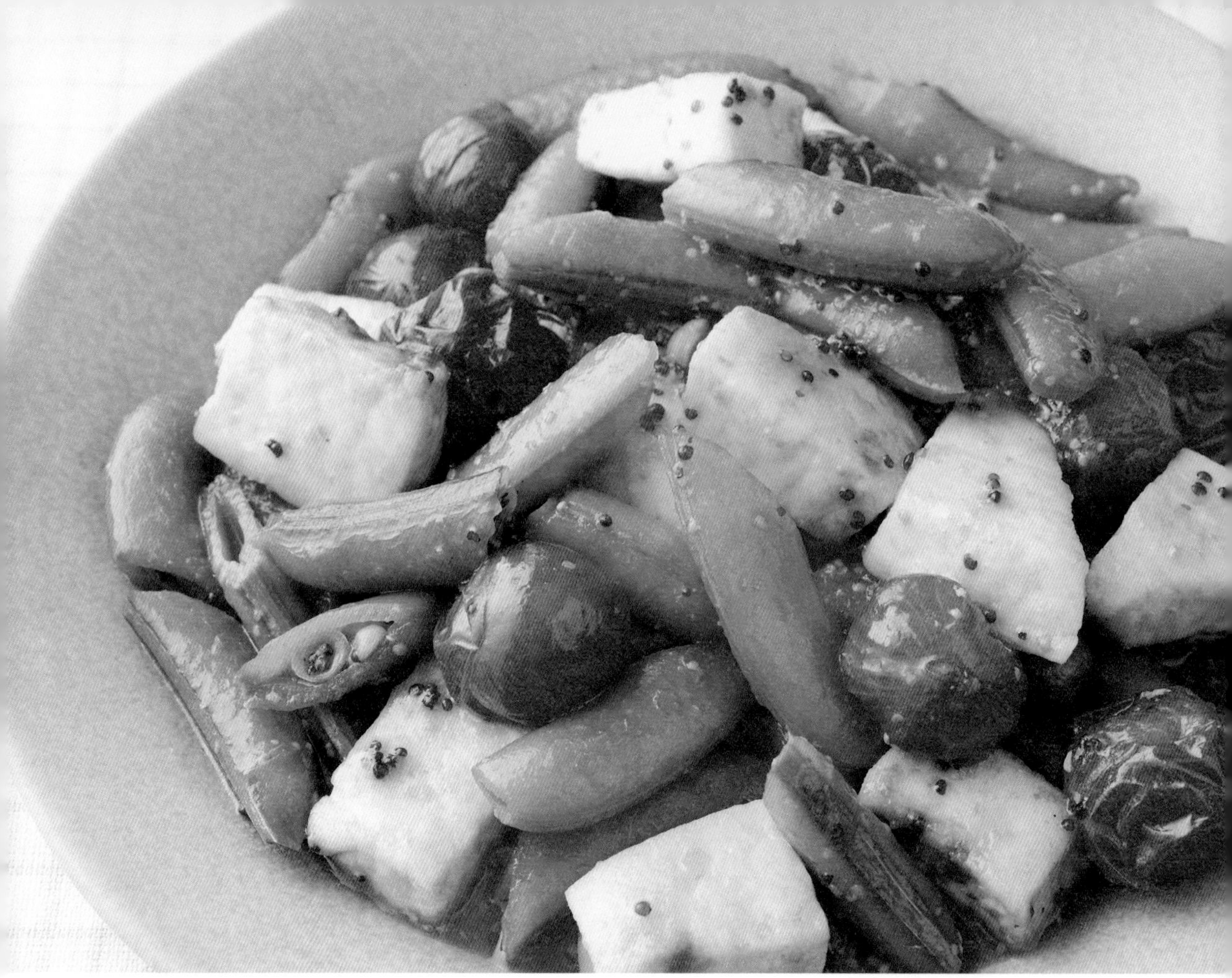

かじきとスナップエンドウの炒めもの

小林まさみ

344kcal
2.0g
20分

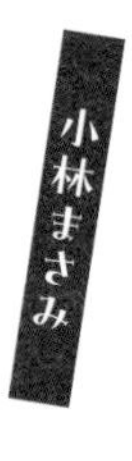

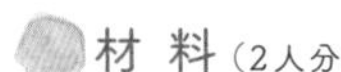

材料（2人分）

かじき（切身）…2切れ　スナップエンドウ…200g　ミニトマト…10個
塩…少々　薄力粉…適量

A｜しょうゆ、酒、みりん…各大さじ1　砂糖…大さじ1/2
｜粒マスタード…小さじ2

オリーブ油…大さじ1

作り方

1. かじきは2cm四方に切り、塩をふって10分おき、水気をふいて薄力粉を薄くまぶす。スナップエンドウは筋を取り、斜めに半分に切る。Aは混ぜる。
2. フライパンにオリーブ油大さじ1/2を強めの中火で熱し、かじきを入れ、両面を4～5分かけて焼き、取り出す。
3. 2のフライパンをふいてオリーブ油大さじ1/2を足し、スナップエンドウをサッと炒める。水大さじ2（材料外）を加え、ふたをして中火で2分、時々炒めながら蒸し焼きにする。
4. 2を戻し入れ、ミニトマト、Aを加え、強火でサッと炒める。

重信初江

306kcal　0.8g　15分

牛肉とアスパラのアンチョビ炒め

材 料（2人分）

牛肉（こま切れ）…150g　アスパラガス…4本
たまねぎ…1/4個　パプリカ（赤）…1/2個
にんにく（みじん切り）…1かけ分
アンチョビ（粗いみじん切り）…3切れ分
オリーブ油…大さじ1/2　粗びき黒こしょう…少々

作り方

1. アスパラは根元のかたい皮をむいて、長さ4cmに切る。たまねぎは幅1cmのくし形切りにする。パプリカは乱切りにする。
2. フライパンにオリーブ油を中火で熱し、にんにく、たまねぎを30秒ほど炒める。牛肉を加えて30秒炒め、アスパラとパプリカを加えて1分ほど炒める。
3. アンチョビ、黒こしょうを加え、全体に炒め合わせる。

石原洋子

300kcal　1.0g　15分

えびとスナップエンドウの卵炒め

材 料（2人分）

バナメイえび（殻付き）…150g　卵…3個
スナップエンドウ…50g　塩…適量　酒…小さじ1
こしょう…少々　片栗粉…小さじ1　サラダ油…大さじ2

作り方

1. えびは殻をむいて背わたを取り、塩少々、酒をからめる。卵は溶きほぐし、塩少々、こしょうを加えて混ぜる。スナップエンドウは筋を取り、斜め半分に切る。
2. フライパンに油大さじ1/2を中火で熱し、えびに片栗粉をまぶして入れて1分ほど炒め、スナップエンドウを加える。えびの色が変わるまで炒めたら端に寄せ、油大さじ1と1/2を足して卵液を流し入れ、木べらで大きく混ぜる。半熟状になったら全体に混ぜ、炒め合わせる。

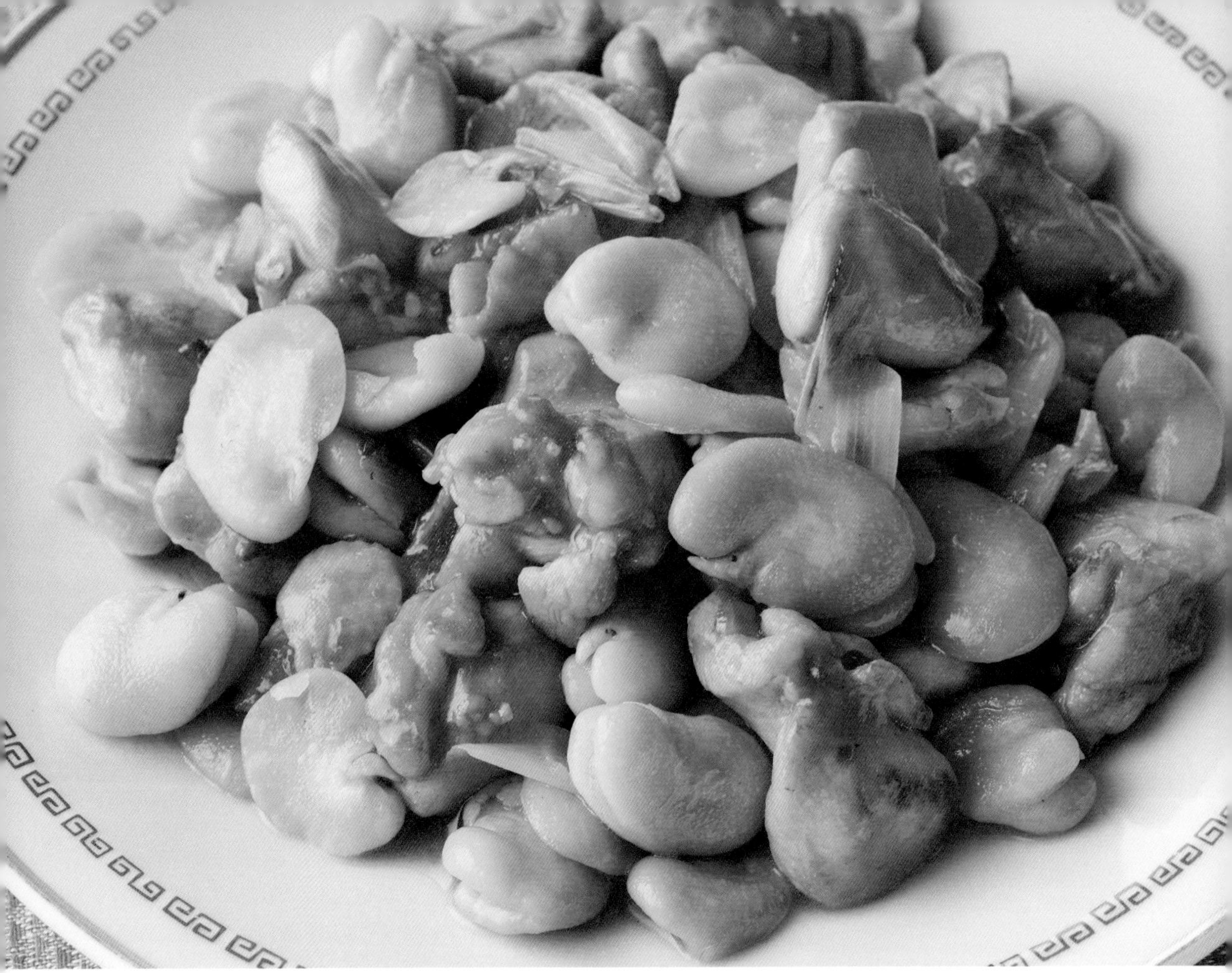

そら豆と鶏肉のオイスターソース炒め

ほりえさわこ

428kcal
1.9g
15分

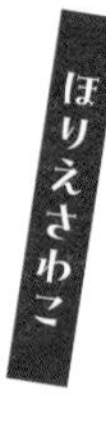

材料（2人分）

鶏もも肉…1枚　そら豆…300〜400g（正味150g）　長ねぎ…10cm
しょうが（せん切り）…1かけ分

A オイスターソース…小さじ2
　砂糖、しょうゆ…各小さじ1

ごま油…小さじ2　水…大さじ3　しょうゆ…小さじ1

作り方

1. 鶏肉は2cm角に切り、Aをもみ込む。長ねぎは縦半分に切り、斜め薄切りにする。
2. そら豆はさやから出し、熱湯で20秒ゆでてざるに上げる。あら熱が取れたら、薄皮をむいて2つに割る。
3. フライパンにごま油、長ねぎ、しょうがを中火で熱し、香りが立ったら鶏肉を加えて色が変わるまで炒める。材料の水を加えてふたをし、2〜3分蒸し焼きにする。
4. そら豆としょうゆを加えてサッと炒める。

堀江ひろ子 305kcal 2.1g 20分

カラフルチンジャオロースー

材 料（2人分）

牛もも肉（焼肉用または薄切り）…150g　ピーマン…2個
赤ピーマン…1個　たけのこ（水煮）…50g　長ねぎ…10cm
しょうが（せん切り）…1かけ分　片栗粉…大さじ1
サラダ油…大さじ1と1/2

A｜酒…大さじ1　しょうゆ…小さじ1
B｜水…大さじ1　砂糖、黒酢…各小さじ1
｜しょうゆ、酒、オイスターソース…各小さじ2

作り方

1. 牛肉は細切りにし、Aをもみ込む。片栗粉を混ぜ、油大さじ1/2を加えてほぐす。ピーマン、赤ピーマン、たけのこは細切りにする。長ねぎは縦半分に切り、斜め薄切りにする。Bは混ぜる。
2. フライパンに油大さじ1/2を入れて中火にかけ、熱くなる前に牛肉を入れてほぐしながら炒め、色が変わったら取り出す。
3. フライパンに油大さじ1/2を足し、長ねぎ、しょうがを炒める。香りが立ったら残りの野菜を加えて油が回るまで炒める。Bを加えて1～2分炒め、2を戻し入れて炒め合わせる。

藤野嘉子 334kcal 3.5g 15分

チキンケチャップソテー

材 料（2人分）

鶏むね肉…1枚　たまねぎ…1/2個
マッシュルーム…100g　塩…小さじ1/2
こしょう、薄力粉…各少々　オリーブ油…大さじ1

A｜トマトケチャップ…大さじ3
｜ウスターソース、白ワイン…各大さじ2

サラダ菜…適量

作り方

1. 鶏肉は幅1cmのひと口大のそぎ切りにし、塩、こしょうをふり、薄力粉をまぶす。たまねぎは繊維を断つ方向に幅8mmに切る。マッシュルームは幅3mmに切る。
2. フライパンにオリーブ油を中火で熱し、鶏肉を入れ、返しながら色が変わるまで焼く。たまねぎ、マッシュルームを加え、しんなりするまで炒める。Aを順に加え、からめる。
3. 器にサラダ菜を敷き、2を盛る。

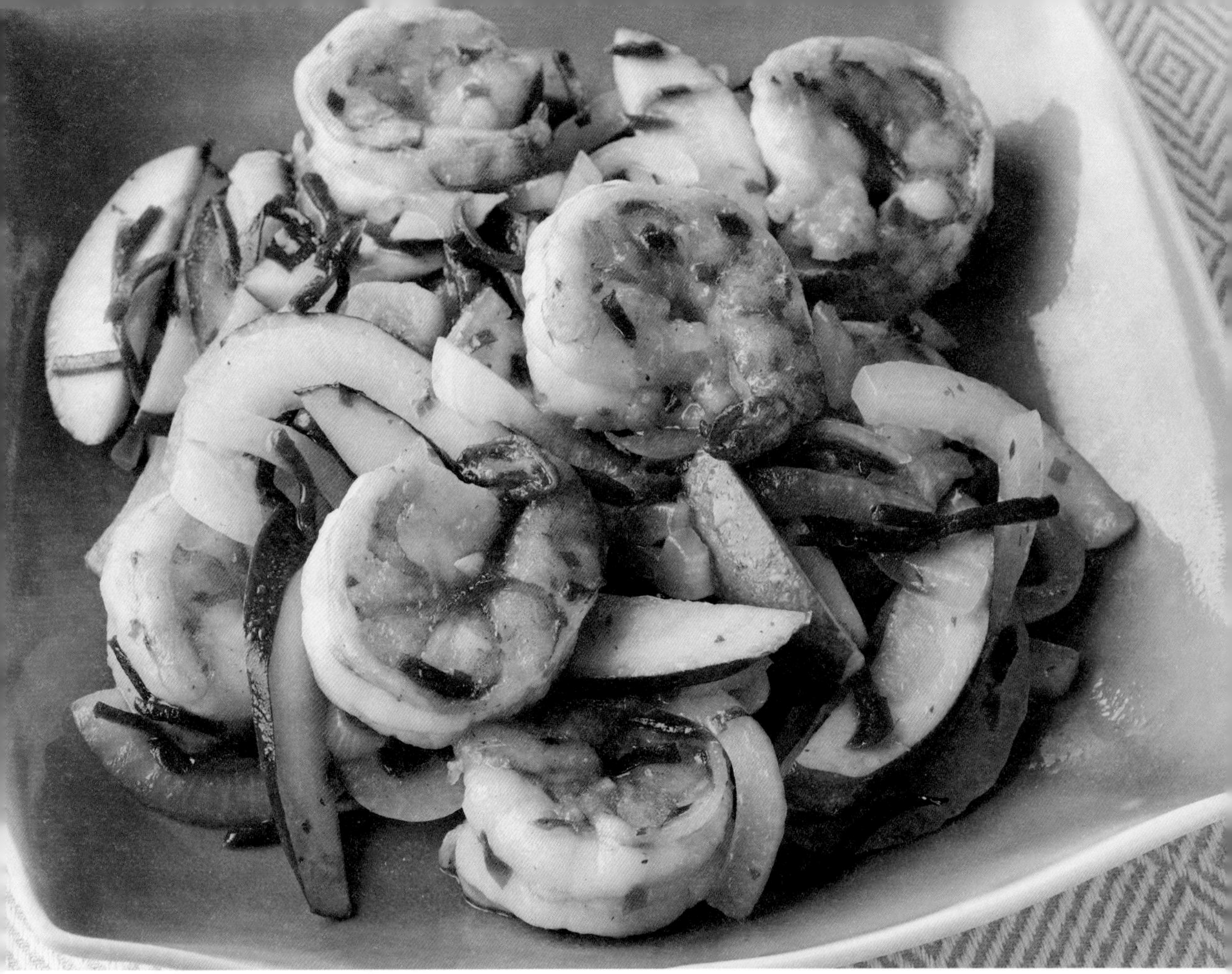

えびと新たまねぎの昆布炒め

ほりえさわこ

材 料（2人分）

えび（殻付き）…200g　新たまねぎ…1/2個　ズッキーニ…1/2本
塩、こしょう…各少々　片栗粉…大さじ1/2　サラダ油…大さじ2
にんにく（薄切り）…1かけ分　赤唐辛子（小口切り）…1本分
昆布の佃煮（しょうが風味）…30g　酒…大さじ1　しょうゆ…小さじ1

作り方

1. えびは殻をむき、背に切り目を入れて背わたを取る。塩、こしょうをふり、片栗粉をまぶして、油大さじ1/2 をからめる。たまねぎは幅5mmの半月切りにする。ズッキーニは縦半分に切り、幅5mmの斜め切りにする。
2. フライパンに油大さじ1/2 とにんにくを中火で熱し、香りが立ったらえびを加えて炒め、色が変わったら取り出す。
3. 2のフライパンに油大さじ1と赤唐辛子を入れて中火で熱し、たまねぎ、ズッキーニを3〜4分炒める。
4. 昆布の佃煮、酒を加えてサッと炒め、えびとにんにくを戻し入れて混ぜ、しょうゆで味をととのえる。

むきえびとキャベツのふんわり卵炒め

材料（2人分）

むきえび…120g　春キャベツ…大2枚　卵…2個
マヨネーズ…大さじ1

A 片栗粉…小さじ1　酒…大さじ1/2

B 酒…大さじ1　オイスターソース…大さじ1/2
砂糖…小さじ1　しょうゆ…小さじ1/2

サラダ油…大さじ1

作り方

1. キャベツはざく切りにする。えびは背わたを取り、A をもみ込む。卵は溶いてマヨネーズを加え、混ぜておく。B は混ぜておく。
2. フライパンに半量の油を中火で熱し、1 の卵を流し入れて大きくかき混ぜ、ふんわり半熟状になったら取り出す。
3. 残りの油を足して中火で熱し、えびを2分ほど炒める。色が変わったらキャベツを加えて炒め、Bを加え、卵を戻し入れてふんわり炒め合わせる。

簡単プルコギ

材料（2人分）

牛肉（切り落とし）…150g　にら…1/3束　にんじん…1/3本
たまねぎ…1/4個

A 白すりごま…大さじ2　にんにく（すりおろし）…少々
オイスターソース、しょうゆ、酒…各大さじ1
はちみつ…小さじ2　コチュジャン…小さじ1

ごま油…大さじ1

作り方

1. にらは長さ3cmに切る。にんじんは斜め薄切りにしてから、せん切りにする。たまねぎは薄切りにする。牛肉は食べやすい大きさに切る。
2. ポリ袋に A を入れて混ぜ合わせ、1 の材料をすべて加えてよくもみ込む。
3. フライパンにごま油を中火で熱し、2を汁ごと入れて2～3分炒める。

重信初江

107kcal

1.0g

10分

ほたてとさやえんどうのトーバンジャン炒め

材 料（2人分）

ほたて貝柱（刺身用）…120g　さやえんどう…50g
しょうが（薄切り）…1かけ分　長ねぎ…1/2本
ごま油…大さじ1/2

A 酒…大さじ1　トーバンジャン…小さじ1/2
鶏がらスープ（顆粒）…小さじ1/3
塩、こしょう…各少々

作り方

1. ほたては塩少々（材料外）を入れた冷水でサッと洗い、水気をきる。さやえんどうは筋を取り、長ねぎは斜め薄切りにする。
2. フライパンにごま油を中火で熱し、しょうが、長ねぎを1分炒める。強めの中火にしてほたてを加え、1分炒める。
3. さやえんどうとAを加えて手早く混ぜ、色が鮮やかになったら火を止める。

堀江ひろ子・ほりえさわこ

333kcal

2.4g

15分

揚げなすと豚肉のみそ炒め

材 料（2人分）

豚肩ロース肉（薄切り）…100g　揚げなす（冷凍）…200g
ピーマン…1個　長ねぎ…1/2本
しょうが、にんにく（各薄切り）…各1かけ分
赤唐辛子（種を取る）…1/2本　酒、片栗粉…各小さじ2
サラダ油…大さじ1/2　ごま油…小さじ1

A 水…大さじ2　みそ…大さじ1と1/2　砂糖…大さじ1
酒…大さじ1/2　しょうゆ…小さじ1

作り方

1. 豚肉はひと口大に切り、酒をもみ込み、片栗粉を混ぜ、油を加えてほぐす。
2. ピーマンはひと口大に切る。長ねぎは幅1cmの斜め切りにする。Aは混ぜる。
3. フライパンにごま油を中火で熱し、長ねぎ、しょうが、にんにく、赤唐辛子を入れて炒める。香りが立ったら1を加えてほぐしながら炒め、ピーマンを加えてサッと炒める。揚げなすを凍ったまま加え、Aを加えてふたをし、3分ほど蒸し焼きにする。ふたを取り、強火でサッと炒め合わせる。

重信初江

15分

鶏むね肉と大豆のにんにく炒め

材 料（2人分）

鶏むね肉…1枚　蒸し大豆（ドライパック）…100g
小松菜…1/2束　にんにく（みじん切り）…1かけ分

A｜酒…大さじ1/2　塩、こしょう…各少々
B｜酒…大さじ1　しょうゆ…小さじ1　こしょう…少々

サラダ油…大さじ1

作り方

1. 鶏肉は大きめのひと口大に切り、Aをもみ込む。小松菜は長さ3〜4cmに切る。
2. フライパンに油、にんにくを入れ、弱火で30秒ほど炒める。香りが立ってきたら鶏肉を加え、強めの中火で2〜3分炒める。
3. 小松菜、大豆、Bを加え、小松菜がしんなりするまで2分ほど炒める。

えびとじゃがいものチリソース

材 料（2人分）

バナメイえび（殻付き）…大12尾　じゃがいも…2個（300g）
わけぎ…2本

A｜しょうが（すりおろし）…小さじ1　水…3/4カップ
　トマトケチャップ…大さじ2
　片栗粉、酢、しょうゆ…各大さじ1
　鶏がらスープ（顆粒）…小さじ1
　トーバンジャン…小さじ1/2

サラダ油…大さじ1

作り方

1. えびは尾とひと節を残して殻をむき、背に切り目を入れて背わたを取る。じゃがいもは洗って水気をつけたままラップで包み、電子レンジで5分加熱する。皮をむき、ひと口大に切る。わけぎは長さ2cmに切る。Aは混ぜる。
2. フライパンに油を強めの中火で熱し、えびを1分ほど炒め、赤く色が変わり始めたらじゃがいも、わけぎを加え、1分炒める。
3. Aをもう一度混ぜて加え、とろみがつくまで混ぜながら1分煮る。

牛肉と野菜のバルサミコ酢炒め

材 料（2人分）

牛もも肉（薄切り）…150g　なす…2個　ズッキーニ…1/2本
トマト…1個　たまねぎ…1/2個　塩、こしょう…各少々
オリーブ油…大さじ2　にんにく（薄切り）…1かけ分

A｜バルサミコ酢…大さじ1　しょうゆ…小さじ1
　｜塩…小さじ1/3　こしょう…少々

作り方

1. なすは幅1cmの輪切りにする。ズッキーニは長さ3cmほどに切り、6等分の棒状に切る。トマトは6等分のくし形切りにする。たまねぎは幅1cmのくし形切りにする。牛肉は大きめに切り、塩、こしょうをふる。
2. フライパンにオリーブ油、にんにくを入れて弱火で炒め、香りが立ったらなす、ズッキーニ、たまねぎを加え、強めの中火で3〜4分炒める。
3. 牛肉を加えてほぐしながら炒め、Aで調味する。トマトを加え、サッと炒め合わせる。

豚バラとゴーヤーのキムチ炒め

材 料（2人分）

豚バラ肉（薄切り）…150g　ゴーヤー…1/2本
長ねぎ…1/3本　白菜キムチ…80g　塩…小さじ1/3

A｜しょうゆ…小さじ1　砂糖…少々

作り方

1. ゴーヤーは種とわたを取り、幅5mmに切る。塩でもんで5分ほどおき、水洗いしてざるに上げる。
2. 豚肉は長さ5cmに切る。長ねぎは幅7〜8mmの斜め切りにする。キムチは長ければ食べやすく切る。
3. フライパンに豚肉を並べて強めの中火にかけ、脂が出て焼き色がつくまで2〜3分焼く。上下を返し、さらに1〜2分焼いて余分な脂をペーパータオルでふきとる。
4. ゴーヤー、長ねぎ、キムチ、Aを加えて炒め合わせ、ゴーヤーの色が鮮やかになったら火を止める。

重信初江

242kcal 1.1g 10分

鶏肉ときゅうりのしょうが炒め

材料（2人分）

鶏むね肉…1枚（200g）　きゅうり…2本
しょうが（薄切り）…2かけ分

A｜片栗粉…小さじ1　酒…大さじ1
　｜塩、こしょう…各少々
B｜酒…大さじ1　しょうゆ…小さじ1
　｜塩、こしょう…各少々

サラダ油…大さじ1

作り方

1. きゅうりはピーラーで皮をむき、縦半分に切る。種を除き、長さ3〜4cmに切る。鶏肉はひと口大のそぎ切りにし、Aをからめる。Bを混ぜ合わせておく。
2. フライパンに油を中火で熱し、しょうがを軽く炒める。香りが立ってきたら鶏肉を加えて弱めの中火で4〜5分炒める。
3. きゅうり、Bを加えて手早く炒め、きゅうりの緑色が鮮やかになったら火を止める。

藤野嘉子

176kcal 0.9g

20分

えびとチンゲン菜の塩炒め

材料（2人分）

えび（殻付き）…150g　チンゲン菜…2株　にんにく…1かけ
塩…少々　サラダ油…大さじ1と1/3　片栗粉…小さじ1

A｜酒、片栗粉…各大さじ1
B｜鶏がらスープ（顆粒）…小さじ1/2　酒…大さじ1
　｜水…1/4カップ

作り方

1. えびは殻をむいて背わたを取り、塩少々（分量外）をもみ込み、水洗いしてざるに上げ、水気をよくふき取る。厚みを半分に切り、Aをからめる。
2. チンゲン菜は軸は4〜6等分に切り、葉は長さ3cmに切る。にんにくは薄切りにする。
3. フライパンに深さ2cmほどの水を入れ火にかけ、沸騰したら塩と油小さじ1を加え、えびをサッとゆでてざるに取り出す。続けて湯にチンゲン菜の軸、葉の順に入れ、しんなりしたらざるに取り出す。
4. フライパンに油大さじ1を中火で熱し、にんにくを炒める。香りが立ってきたらえび、チンゲン菜を加えて炒める。えびの色が変わったら、Bを加え、味をからめる。片栗粉を同量の水で溶いて加え、とろみをつける。

武蔵裕子　382kcal　3.2g　15分

塩さばと小松菜のしょうゆ炒め

材 料（2人分）

塩さば（半身）…1枚（200～250g）　小松菜…2/3束
にんじん…1/3本　ごま油…大さじ1/2

A｜しょうゆ、みりん、酒…各大さじ1
　｜砂糖…大さじ1/2

作り方

1. さばは6等分に切る。小松菜は長さ3cmに切る。にんじんは長さ4～5cmのせん切りにする。Aは混ぜ合わせる。
2. フライパンにごま油をひき、さばの皮目を下にして並べてから中火にかけ、2分焼く。上下を返し、さらに1分焼く。
3. 小松菜とにんじんをのせ、Aを加え、ふたをして3分蒸し焼きにする。ふたを取り、強火にしてサッと混ぜる。

武蔵裕子　207kcal　1.9g　15分

たらのケチャップ炒め

材 料（2人分）

生たら（切身）…2切れ　たまねぎ…1/2個　エリンギ…2本
塩、こしょう…各少々　薄力粉…適量

A｜トマトケチャップ…大さじ2
　｜ウスターソース…大さじ1

サラダ油、酒…各大さじ1

作り方

1. たまねぎは6等分のくし形切りにする。エリンギは縦半分に切り、幅7mmの斜め切りにする。Aは混ぜる。たらは3等分に切り、塩、こしょうをふり、薄力粉を薄くまぶす。
2. フライパンに油大さじ1/2、たらを入れ、中火にかける。返しながら2分ほどかけて焼き、たらの両面がカリッとしたら取り出す。
3. 油大さじ1/2を足し、たまねぎ、エリンギをしんなりするまで炒める。酒を加えてふたをし、弱火で1分蒸し焼きにする。
4. Aを加えて中火にし、全体になじんだらたらを戻し入れ、炒め合わせる。

アスパラと牛肉の中華炒め

材 料（2人分）

牛肉（こま切れ）…200g　アスパラガス…3〜4本
しょうが（せん切り）…1/2かけ分　酒…大さじ1
しょうゆ…大さじ1

A｜酒…大さじ2　しょうゆ…大さじ1
　｜オイスターソース…小さじ1

ごま油…大さじ1

作り方

1. アスパラは根元のかたい皮をむき、長さ5cmほどの斜め切りにする。牛肉は長さ3cmに切り、酒、しょうゆをからめておく。Aは混ぜておく。
2. フライパンにごま油を中火で熱し、しょうがを炒める。しんなりしたら牛肉を汁気をきって加えて炒め、肉の色が変わったらアスパラガスとAを加え、汁気がなくなるまで炒め合わせる。

もやしと豚肉の黒酢あん

材 料（2人分）

豚肉（こま切れ）…200g　もやし…1/2袋
パプリカ（黄）…1/2個

A｜酒…大さじ1　しょうが汁…小さじ1
　｜片栗粉…小さじ1
B｜水…1/2カップ　黒酢…大さじ1と1/2
　｜砂糖…大さじ2/3　しょうゆ、片栗粉…各小さじ1

ごま油…大さじ1/2

作り方

1. 豚肉は食べやすい大きさに切り、Aをもみ込む。もやしはひげ根を取る。パプリカは細切りにする。Bは混ぜ合わせる。
2. フライパンにごま油をひき、豚肉、パプリカを加えてから中火にかけ、炒める。肉の色が変わったらもやしを加え、ふたをして1〜2分蒸し煮にする。
3. ふたを取り、火を強め、Bをもう一度混ぜて加え、大きく炒め合わせる。

小林まさみ　262kcal　1.8g　15分

そら豆と豚肉のサンラータン風炒め

材 料（2人分）

豚肉（こま切れ）…120g　たけのこ（水煮）…120g
にんじん…1/2本　むきそら豆（薄皮を除いたもの）…70g
ごま油…小さじ1　片栗粉、水…各大さじ1/2
ラー油…小さじ1/2　粗びき黒こしょう…少々

A｜塩、こしょう…各少々　酒、片栗粉、ごま油…各小さじ1
B｜水…1カップ　鶏がらスープ（顆粒）…小さじ1/3
　｜酢、しょうゆ…各大さじ1　塩…少々

作り方

1. 豚肉は食べやすく切り、Aを順にもみ込む。たけのこはサッとゆで、穂先は長さ5cm、幅2〜3mmの薄切りに、根元は幅2〜3mmのいちょう切りにする。にんじんは長さ5cmの細切りにする。
2. フライパンを強火で熱し、豚肉を色が変わるまで炒め、取り出す。
3. フライパンをふき、ごま油を熱し、にんじんを1分ほど炒める。たけのこ、そら豆を加え、油が回るまで炒める。
4. B、2を加え、煮立ったら中火で2分煮る。材料の水で溶いた片栗粉でとろみをつける。器に盛り、ラー油、黒こしょうをふる。

豚肉とブロッコリーのオイスターソース炒め

材 料（2人分）

豚肉（こま切れ）…200g　ブロッコリー…1/3個
パプリカ（赤）…1/2個　酒…大さじ1　片栗粉…小さじ2

A｜オイスターソース…大さじ1と1/3　酒…大さじ1
　｜片栗粉…小さじ2　砂糖…小さじ1

サラダ油…大さじ1/2　鶏がらスープ（顆粒）…小さじ1/2

作り方

1. 豚肉は酒、片栗粉をもみ込む。ブロッコリーは小房に分ける。パプリカはひと口大に切る。Aは混ぜる。
2. フライパンに油を中火で熱し、豚肉を色が変わるまで炒め、ブロッコリーとパプリカを加えてサッと炒める。水大さじ2（材料外）、鶏がらスープを加え、ふたをして弱めの中火で2〜3分蒸し焼きにする。
3. Aをもう一度混ぜて加え、強めの中火で大きく混ぜながら手早く炒める。

武蔵裕子

294kcal 1.1g 10分

鶏むね肉とパプリカの中華炒め

材 料（2人分）

鶏むね肉…1枚　パプリカ（赤・黄）…各1/2個
酒…大さじ1/2　片栗粉…小さじ1　サラダ油…大さじ1

A｜砂糖、酒、オイスターソース…各大さじ2
しょうゆ…大さじ1　ごま油…大さじ1/2
こしょう…少々

作り方

1. 鶏肉は薄いそぎ切りにしてから、細切りにし、酒と片栗粉をまぶす。パプリカは幅3～4mmの細切りにする。
2. Aはよく混ぜ合わせる。
3. フライパンに油を中火で熱し、鶏肉をサッと炒める。パプリカを加えてふたをし、弱めの中火で2～3 分蒸し焼きにする。中火にし、2を大さじ2加えて手早く炒める。

※Aの残りは、冷蔵庫で1週間ほど保存可能。炒めものに重宝します。

重信初江

375kcal

1.8g

10分

牛肉と菜の花のマスタード炒め

材 料（2人分）

牛肉（切り落とし）…150g　菜の花…1束（150g）
たまねぎ…1/4個　塩…少々　サラダ油…小さじ1

A｜粒マスタード…小さじ1　しょうゆ…大さじ1
こしょう…少々

作り方

1. 菜の花は根元1～2cmのかたい部分を切り落とし、塩を加えた熱湯で30秒ほどサッとゆでて冷水にとり、水気をしぼって長さ3cmに切る。たまねぎは幅2～3mmの薄切りにする。
2. フライパンに油を中火で熱し、たまねぎを入れて1～2分炒める。少ししんなりしてきたら牛肉を加え、強めの中火で肉の赤みがなくなるまで1分ほど炒める。
3. 菜の花を加えてサッと炒め、Aを加えて全体を炒め合わせる。

小林まさみ

えびとマッシュルームの アヒージョ風炒め

材 料（2人分）

えび（殻付き）…16尾　マッシュルーム（ブラウン）…100g
ほうれん草（冷凍）…100g　にんにく（薄切り）…大1かけ分
赤唐辛子…1本　薄力粉…適量　オリーブ油…大さじ5

A｜しょうゆ…小さじ1　塩…小さじ1/4　こしょう…少々

作り方

1. えびは殻をむき、背に切り目を入れて背わたを取り、薄力粉をまぶす。ほうれん草は耐熱の器に広げ、ラップをかけずに電子レンジで2分30秒加熱する。
2. フライパンにオリーブ油大さじ1を強火で熱し、えびを焼き、全体の色が変わったらいったん取り出す。
3. フライパンをふき、オリーブ油大さじ4を強めの中火で熱し、マッシュルームを1分ほど炒める。にんにく、赤唐辛子を加え、香りが立つまで炒める。えび、ほうれん草を加えてサッと炒め、**A**で調味する。

かきとしいたけのキムチ炒め

材 料（2〜3人分）

かき（加熱用）…200g　生しいたけ…3個
白菜キムチ…150g　薄力粉…適量
ごま油…大さじ2　酒…大さじ1　しょうゆ…大さじ1/2
細ねぎ（長さ3cmに切る）…5本分

作り方

1. かきは塩水（材料外）でふり洗いしてざるにとり、よく水気をきり、薄力粉をまぶす。
2. しいたけは石づきを取り、幅5mmに切る。
3. フライパンにごま油を中火で熱し、かきを並べ入れ、空いているところにしいたけを加える。返しながら4分ほど焼き、かきがこんがりしたら、白菜キムチ、酒、しょうゆを加えて炒め合わせる。細ねぎを加え、サッとからめる。

小林まさみ　176kcal　1.6g　15分

鶏肉とピーマンのしょうがごま炒め

材 料（2〜3人分）

鶏むね肉（皮なし）…1枚　ピーマン…5〜6個
しめじ…1パック　しょうが（せん切り）…2かけ分

A｜片栗粉、酒…各小さじ2　塩…少々
B｜酒…大さじ1　しょうゆ…大さじ1/2
　｜砂糖…小さじ1/3　塩…小さじ1/3　こしょう…少々

マヨネーズ…大さじ1　白いりごま…大さじ1

作り方

1. 鶏肉は細切りにし、Aをもみ込む。ピーマンは縦半分に切り、幅1.5cmの斜め切りにする。しめじはほぐす。Bは混ぜる。
2. フライパンにマヨネーズを強めの中火で熱し、フツフツとしたら鶏肉を加え、色が変わるまで炒める。ピーマン、しめじ、しょうがを加え、しんなりするまで炒める。
3. B、ごまを加え、全体にからむまで炒める。

1.8g

鶏むね肉とセロリのトーバンジャン炒め

材 料（2人分）

鶏むね肉（皮なし）…大1/2枚（150g）　セロリ…2本
セロリの葉…1/2本　パプリカ（黄）…1/2個

A｜酒、片栗粉、ごま油…各小さじ1と1/2
B｜片栗粉…小さじ1/4　しょうゆ、酒…各大さじ1
　｜砂糖…大さじ1/2

ごま油…大さじ1/2　トーバンジャン…小さじ1/2

作り方

1. 鶏肉は細切りにする。セロリは幅5mmの斜め切りに、葉は細切りにする。パプリカは幅5mmに切る。
2. ボウルに鶏肉を入れ、Aをもみ込む。別のボウルにBを混ぜておく。
3. フライパンにごま油を強火で熱し、鶏肉を加え、色が変わるまで炒める。トーバンジャン、セロリ、パプリカの順に加え、そのつど油が回るまで炒める。
4. Bをもう一度混ぜてから加え、炒め合わせる。セロリの葉を加え、サッと混ぜる。

毎日の献立サポート

副菜

お酒のあてや、箸休めに重宝しそうな40品をセレクト。
漬けものや煮ものなどは、作り置きしておくと便利。
主菜との相性や彩りなども考えながら
組み合わせましょう。

武蔵裕子

71kcal 1.4g

15分

ふきのきんぴら

材料（2人分）

ふき…130〜140g（正味）　ごま油…大さじ1/2
赤唐辛子（小口切り）…1本分　砂糖…小さじ2　みりん…大さじ1/2
しょうゆ…大さじ1　白いりごま…適量

作り方

1. ふきはゆでやすい長さに切り、塩少々（分量外）をふってまな板の上で転がす（板ずり）。鍋に湯を沸かし、2分ほどゆでる。冷水にとり、冷めたら筋を取り、斜め薄切りにする。
2. フライパンに、ごま油、赤唐辛子を入れて弱火にかける。香りが立ったらふきを加え、中火で1〜2分炒める。
3. 全体に油がなじんだら水大さじ2を加え、水気がほとんどなくなるまで強火で炒める。砂糖、みりん、しょうゆを順に加え、汁気がなくなるまで炒め合わせ、ごまを加える。

堀江ひろ子
ほりえさわこ

239kcal 2.7g 35分

カラフルひじき煮

材 料（3人分）

ひじき（乾燥）…30g　豚肩ロース肉（薄切り）…100g
パプリカ（黄）…1/4個　にんじん…3cm
さやいんげん…5〜6本　ちくわ…1本
しょうが（せん切り）…1かけ分　サラダ油…大さじ2

A| だし汁…1カップ　砂糖、酒…各大さじ2

しょうゆ…大さじ2

作り方

1. ひじきは水に20〜30分つけて戻し（時間外）、水気をきる。豚肉は細く切る。パプリカは細切りに、にんじんはせん切りに、いんげんは斜め薄切りにする。ちくわは縦半分に切って斜め薄切りにする。
2. 鍋に油を中火で熱し、しょうが、豚肉を炒める。肉の色が変わったらひじきを加え、水分がとぶまで炒める。Aを加えてひと煮立ちさせ、しょうゆを加えて混ぜる。弱めの中火にし、落としぶたをして20分ほど煮る。
3. パプリカ、にんじん、いんげん、ちくわを加え、ふたをして弱めの中火で5分ほど煮る。

ラーパーツァイ

材 料（2人分）

白菜…1/6株（300g）　塩…5g（白菜の重量の1.5%）
砂糖…大さじ2　酢…大さじ3
ごま油…大さじ2　赤唐辛子（小口切り）…1本分

作り方

1. 白菜は長さ4cmに切り、繊維に沿ってせん切りにする。ボウルに入れて塩を加え、よくもむ。しんなりしたら水気をしぼり、砂糖、酢を順に加えて混ぜ、10分ほどおく。
2. フライパンにごま油と赤唐辛子を入れて中火にかけ、香りが立ったら火を止め、1のボウルに注ぎ入れる。全体をからめ、冷蔵庫に入れて味をなじませる（時間外）。

ささみとしらたきの香りあえ

材 料（2人分）

鶏ささみ…2本　しらたき…200g
三つ葉（3～4cmに切る）…1/2束（25g）

A ポン酢しょうゆ…大さじ1と1/2
ごま油…大さじ1

作り方

1. ささみは筋を取って鍋に入れ、水をひたひたに注ぎ入れて強火にかける。煮立ったら弱火にし、ふたをして5分ほど煮る。ささみを取り出し、粗熱が取れたら手でさく。
2. 1の鍋にしらたきを入れ、かぶるくらいまで水を足して中火にかける。ひと煮立ちさせてアクを取り、ざるに上げて水気をきる。食べやすい長さに切る。
3. ボウルにAを混ぜ合わせ、1、2、三つ葉を加えてあえる。

武蔵裕子
186kcal　0.1g　15分

切り干し大根のはちみつレモンマリネ

材 料（2人分）

切り干し大根…20g　パプリカ（赤）…1/2個
たまねぎ…1/4個　オリーブ油…大さじ1
水…1/4カップ

A レモン（薄い輪切り）…4～5枚　レモン汁…1個分
はちみつ…大さじ2　オリーブ油…大さじ1と1/2

作り方

1. Aのレモンは1枚ずつ8等分に切り、残りのAと混ぜておく。
2. たまねぎは薄切りにし、塩少々（材料外）をもみ込み、水に2～3分さらして水気をしぼる。1に加えてなじませておく。
3. 切り干し大根は水でサッと洗い、水気をしぼる。パプリカは薄切りにする。
4. フライパンにオリーブ油を中火で熱し、切り干し大根とパプリカを入れて2～3分炒め、材料の水を加える。ふたをして弱火にし、3分ほど蒸し煮にする。2に加えて混ぜ、10分以上おいてなじませる。

根菜のさっぱりみりん漬け

材料（3〜4人分）

れんこん…大1節（170g）　ごぼう…小1本（150g）
にんじん…1本　大根…1/4本（180g）

A｜本みりん…1カップ　酢…1/2カップ

作り方

1. 鍋（ガラスやホーロー製）にAのみりんを入れ、弱めの中火にかけて少し煮立ててアルコール分をとばし、酢を加えて火を止める。
2. れんこんは幅7〜8mmの輪切りにし、酢水（分量外）に2〜3分さらして水気をきる。ごぼうは細めの乱切りにし、水にさらして水気をきる。にんじんは細めの乱切りにする。大根は長さ4〜5cmの棒状に切る。
3. 鍋に湯を沸かして酢少々（分量外）を入れ、2を4〜5分ゆでてざるに上げ、水気をしっかりきる。熱いうちに1に入れ、ときどき混ぜながら冷まし、味をなじませる。

ミックスピクルス

材料（6人分）

きゅうり…2本　セロリ…1本　にんじん…1/2本
パプリカ（赤・黄）…各1/2個

A｜黒粒こしょう…10粒　ローリエ…1枚
｜水…2と1/4カップ　酢…3/4カップ
｜砂糖…大さじ2　塩…大さじ1

作り方

1. きゅうり、にんじんは長さ5〜6cmの棒状に切る。セロリは筋を取り、長さ5〜6cmの棒状に切る。パプリカは幅7〜8mmに切る。合わせてボウルに入れる。
2. 鍋にAを入れて煮立て、1に加え、そのまま冷ます。

重信初江

190kcal 1.8g 10分

かぶの鶏ひきあんかけ

材 料（2人分）

かぶ…3個　かぶの葉…50g　鶏ひき肉（もも）…120g
片栗粉…大さじ1/2

A
だし汁…1と1/2カップ
しょうゆ、みりん…各大さじ1　砂糖…小さじ1
塩…少々

作り方

1. かぶは1個を6等分のくし形切りにする。
2. 鍋にひき肉、Aを入れ、ひき肉をほぐしながら中火にかける。煮立ったらアクを取り、かぶを加えて落としぶたをし、やわらかくなるまで5～6分煮る。片栗粉を倍量の水で溶いて加え、とろみをつける。
3. かぶの葉を小口切りにして加え、再び煮立ったら火を止める。

武蔵裕子

322kcal 1.5g 7分

アボカドの白あえ

材 料（2人分）

木綿豆腐…1/2丁（150g）　アボカド…小1個
ミニトマト…6個　ハム…2枚

A
白すりごま…大さじ1
マヨネーズ…大さじ1と1/2
しょうゆ…小さじ1と1/2　砂糖…小さじ1

作り方

1. 豆腐はペーパータオルで包み、皿などで重石をし、20分ほどおいてしっかりと水気をきる。
2. アボカドは種と皮を除き、1.5cm角に切る。ミニトマトはヘタを取り、横半分に切る。ハムは1cm四方に切る。
3. ボウルに豆腐をくずし入れ、ゴムべらでよくつぶす。Aを加えて混ぜ合わせ、食べる直前にアボカド、ミニトマト、ハムを加えて混ぜ合わせる。

ハムと大根のマリネ

材 料（4人分）

ハム…10〜12枚　大根…300g
たまねぎ…1/4個　パプリカ（黄）…1/4個
塩…小さじ1/3

A
レモン汁…1/2個分　オリーブ油…大さじ2
酢…大さじ1　粒マスタード…大さじ1/2
塩…小さじ1/4　こしょう…少々

作り方

1. ハムは半分に切る。大根は幅2〜3mmの半月切りにし、塩をまぶして15分ほどおき、水気をしぼる。たまねぎ、パプリカは横に薄切りにする。
2. ボウルにAを混ぜ、1を加えてあえ、15〜30分おいて味をなじませる。

サーモンの
クリームチーズ挟み

材 料（2人分）

サーモン（刺身用さく）…120g
クリームチーズ…100g
ミックスナッツ（無塩）…50g　塩…小さじ1/3
レモン（国産・いちょう切り）、練りわさび…各適量

作り方

1. サーモンは薄切りにする。ナッツは粗く刻む。クリームチーズ、ナッツ、塩を混ぜる。
2. サーモンに1のクリームチーズをのせて挟む。器に盛り、レモンとわさびをのせる。

ふろふき大根

材 料（2人分）

大根…8cm　昆布…10cm　米…大さじ1

A　みそ、はちみつ…各大さじ2
　白すりごま…大さじ1

作り方

1. 大根は厚さ4cmの輪切りにし、皮を厚くむき、表面に浅く十字の切り目を入れる。
2. 鍋に昆布、米、大根、かぶるくらいの水（材料外）を入れて中火にかけ、沸騰したら弱火にして30分ほど煮る。
3. 器に大根を盛り、Aを混ぜてかける。

トロトロたまねぎのじゃこポン酢

材 料（2人分）

たまねぎ…2個　ちりめんじゃこ…20g　塩…少々
酒…大さじ2　サラダ油…大さじ1
ポン酢しょうゆ…大さじ2

作り方

1. たまねぎは深さ3cmほどの切り目を十字に入れる。
2. 耐熱の器にたまねぎを1個ずつのせ、塩、酒を等分にふり、ラップをふんわりとかけて電子レンジで1個につきそれぞれ5分加熱する。ラップをはずし、あら熱を取る。
3. フライパンにちりめんじゃこと油を入れて弱火にかけ、カリカリになるまで炒める。
4. 2に3をのせ、ポン酢しょうゆをかける。

まぐろとわけぎのぬた

材 料（2人分）

まぐろ（刺身用さく）…150g
わけぎ…1/2束

A｜みそ…大さじ1と1/2
酢…大さじ1
水…大さじ1/2
砂糖…小さじ2と1/2
練りからし…小さじ1/3

作り方

1. わけぎは根元と葉先を少し切り落とす。鍋に湯をたっぷり沸かして塩少々（材料外）を加え、わけぎをサッとゆでてざるに上げる。まな板に並べ、青い部分を包丁の背でしごいてぬめりを除き、長さ2〜3cmに切る。まぐろは2cm角に切る。
2. まぐろとわけぎを器に盛り、Aを混ぜ合わせてかける。

108kcal 1.4g 15分

あじのなめろう

材 料（2人分）

あじ（刺身用）…2尾（300g）
長ねぎ（みじん切り）…15cm分
しょうが（みじん切り）…1かけ分
みそ…大さじ1　青じそ…適量
しょうゆ（お好みで）…適量

作り方

1. あじは三枚おろしにし、腹骨をすき取り、小骨を取る。皮を引き、細かく切る。長ねぎ、しょうが、みそを加え、包丁の背でたたいて細かくする。
2. 器に青じそを敷き、1を盛る。お好みでしょうゆをかける。

215kcal 1.4g 15分

そら豆とささみのひすい煮

材 料（2人分）

鶏ささみ…3本
そら豆…正味100g

A｜塩…少々　酒…大さじ1
B｜だし汁…1と1/4カップ
みりん…大さじ3
薄口しょうゆ…大さじ2/3

片栗粉、水…各小さじ1

作り方

1. ささみはひと口大のそぎ切りにし、Aを順にふって下味をつける。そら豆は薄皮をむく。
2. 鍋にBを入れて中火にかけ、煮立ったらささみを入れ、アクを取る。そら豆を加え、2〜3分煮る。材料の水で溶いた片栗粉を回し入れ、とろみがつくまで煮る。

春菊とえのきだけののり煮びたし

材 料（2～3人分）

春菊…1/2束
えのきだけ…小1袋
焼きのり（8つ切り）…3～4枚

A だし汁…2/3カップ
みりん…大さじ1/2
しょうゆ…小さじ1
塩…少々

作り方

1. 春菊は根元を切り、長さを2～3等分に切る。えのきだけは根元を切り、長さを半分に切る。
2. 鍋に湯を沸かして春菊をサッとゆで、冷水にとり、水気をしぼる。
3. 鍋にAを入れて中火で煮立て、春菊とえのきだけを加えて2分ほど煮たら、のりをちぎり入れて火を止める。

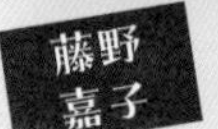

ほうれん草としめじのとろろ煮

材 料（2人分）

ほうれん草…1/2束（120g）
しめじ…1パック
とろろ昆布…5g
だし汁…1/2カップ
しょうゆ…小さじ1

作り方

1. ほうれん草は長さ3cmに切る。鍋に湯を沸かして塩少々（材料外）を入れ、ほうれん草をゆでる。水にとり、水気をしぼる。しめじはほぐす。
2. 鍋にだし汁を入れて中火で煮立て、しめじ、ほうれん草、しょうゆを加える。とろろ昆布を食べやすくちぎって加え、サッと煮る。

チンゲン菜とじゃこの甘辛炒め

材 料（2人分）

チンゲン菜…2株
ちりめんじゃこ…30g
ごま油…小さじ1
しょうゆ、みりん…各小さじ2

作り方

1. チンゲン菜は葉と軸に分け、軸は食べやすい幅に切る。
2. フライパンにごま油を熱してちりめんじゃこを入れ、中火で1～2分炒める。少し色づいてきたら、チンゲン菜の軸を加えて炒める。緑が鮮やかになり始めたら、しょうゆ、みりん、チンゲン菜の葉を加えて火をやや強め、汁気がなくなるまで炒める。

117kcal 1.1g 10分

スナップエンドウの白あえ

材料（2人分）

スナップエンドウ…100g
絹ごし豆腐…1/2丁（150g）

A｜白すりごま…大さじ1
　｜砂糖、しょうゆ…各小さじ1
　｜塩…少々

かに風味かまぼこ…5本（約40g）

作り方

1. スナップエンドウは筋を取り、半分に割る。塩少々（材料外）を加えた熱湯で、1分ほどゆでる。
2. ボウルに豆腐、Aを入れ、泡立て器でなめらかになるまで混ぜる。
3. スナップエンドウと、ほぐしたかに風味かまぼこを加え、あえる。

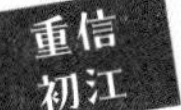

75kcal 2.0g 8分

セロリとじゃこのきんぴら

材料（2人分）

セロリ…1本
ちりめんじゃこ…20g

A｜しょうゆ…大さじ1
　｜みりん…大さじ1

ごま油…小さじ1

作り方

1. セロリは葉ごと小口切りにする。Aは混ぜておく。
2. フライパンにごま油を中火で熱し、じゃこを入れて2分ほど炒める。香ばしい香りがしてきたら、セロリを加えて炒め合わせる。
3. Aを加え、汁気がほとんどなくなるまで1～2分炒める。

106kcal 1.1g 5分

水菜と油揚げの煮びたし

材料（2人分）

水菜…1束（150g）　油揚げ…1枚

A｜昆布かつおだし…1カップ
　｜みりん…大さじ1
　｜しょうゆ…大さじ1/2
　｜塩…少々

作り方

1. 水菜は長さ4cmに切り、油揚げは横半分に切ってから幅1cmに切る。
2. 鍋にAを入れて中火にかけ、煮立ったら油揚げを加える。再び煮立ったら水菜を加えて混ぜ、しんなりしたら火を止める。

春菊の ごま酢みそあえ

材 料（2人分）

春菊…3/4束（150g）

A 砂糖…小さじ2
しょうゆ、酢、みそ
…各小さじ1

白すりごま…大さじ2

作り方

1. 鍋に湯を沸かし、塩少々（分量外）を加え、春菊をやわらかくゆでる。水にとって冷まし、水気をしぼって幅2cmに切る。もう一度水気をしぼる。
2. ボウルにAを合わせ、春菊を加えてあえる。仕上げにごまを加えて混ぜる。

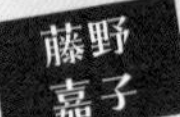

わかめの ポン酢しょうゆ炒め

材 料（2人分）

わかめ（塩蔵）…30g
白すりごま…大さじ1
ごま油、ポン酢しょうゆ
…各大さじ1

作り方

1. わかめは塩を洗い流し、たっぷりの水につけて戻し、食べやすい長さに切って水気をしぼる。
2. フライパンにごま油を中火で熱し、わかめを炒める。全体に油が回ったら、ポン酢しょうゆを加えて炒め合わせる。器に盛り、ごまをふる。

小林
まさみ

60kcal 0.5g 10分

えびとオクラの あえもの

材 料（2人分）

むきえび…100g　オクラ…10本

A ごま油…大さじ1
塩…小さじ1/4

作り方

1. オクラは塩少々でこすり洗いし、ヘタとガクを取り、熱湯で3分ほどゆでて取り出す。同じ湯でえびを1分30秒ほどゆでる。オクラは幅1cmに、えびは長さを半分に切る。
2. ボウルにオクラ、Aを入れてあえ、えびを加えてサッとあえる。

カリフラワーののりわさびあえ

材料（2人分）

カリフラワー…1/2株（200g）
焼きのり（全形）…1/2枚
塩…少々

A 練りわさび…小さじ1/2
しょうゆ、サラダ油…各小さじ1

作り方

1. カリフラワーは小房に切り分け、塩を加えた熱湯で1分ほどゆで、ざるに上げて水気をきる。
2. ボウルにAを混ぜ合わせ、カリフラワーを加えてあえる。焼きのりを細かくちぎって加え、サックリと混ぜ合わせる。

51kcal 1.7g 5分

豆苗のナムル

材料（2人分）

豆苗…1袋
味付きザーサイ（せん切り）…20g

A ごま油…大さじ1/2
塩…小さじ1/8

白いりごま…小さじ1

作り方

1. 豆苗は根を切り、長さを2〜3等分に切る。
2. 耐熱の器に豆苗を広げ、ラップをふんわりとかけ、電子レンジで2分加熱し、あら熱を取る。
3. ボウルにA、ザーサイ、ごまを入れ、豆苗の水気をしぼって加え、混ぜる。

76kcal 0.9g 8分

ハムとみょうがのナムル

材料（2人分）

ロースハム…3枚
みょうが…3個
かいわれ菜…1パック

A 白いりごま…小さじ1
ごま油…大さじ1/2
鶏がらスープ（顆粒）、塩…各少々

作り方

1. みょうがは縦半分に切り、斜め薄切りにして水にサッとさらし、水気をきる。かいわれ菜は根元を落として長さを半分に切る。ハムは細切りにする。
2. ボウルにAを混ぜ合わせ、ハム、みょうが、かいわれ菜を加えてあえる。

ピーマンと みょうがのサラダ

材料（2人分）

ピーマン…2個　みょうが…4個

A しょうゆ、ごま油
…各小さじ1

作り方

1. ピーマン、みょうがは縦にせん切りにする。
2. ボウルに1を入れ、Aを加えてあえる。

トマトの オニオンドレッシング

材料（2人分）

トマト大1個

A たまねぎ（みじん切り）…
1/4個分
パセリ（みじん切り）…1枝分
サラダ油、酢…各大さじ1/2
粒マスタード…小さじ1
塩…ひとつまみ
こしょう…少々

作り方

1. ボウルにAの材料を入れてよく混ぜる。
2. トマトは乱切りにして1に加え、あえる。

白菜の 梅おかか漬け

材料（4〜5人分）

白菜…200g　梅干し…大1個
削り節…1袋
しょうゆ、ごま油…各小さじ1

作り方

1. 白菜は小さめのひと口大に切る。
2. ポリ袋にすべての材料を入れ（梅干しは種ごと）、もみ混ぜる。しんなりしたら袋の口をとじ、冷蔵庫で20分ほどおいて味をなじませる（時間外）。梅干しの種を取り除いて器に盛る。

オクラのおひたし

材料（2人分）

オクラ…10本　削り節…2g

A だし汁…1/2カップ
　しょうゆ…大さじ1

作り方

1. オクラは塩少々（分量外）でもんでうぶ毛を除き、水洗いする。水気をきってヘタのまわりをむき、縦に1本切り目を入れる。
2. 熱湯を沸かしてオクラを2分ほどゆで、すぐに冷水にとって冷まし、ざるに上げる。
3. バットにAを合わせ、オクラを漬ける。冷蔵庫で30分以上冷やし（時間外）、味をなじませる。器に盛り、削り節をちらす。

柿とかぶのなます

材料（2人分）

かぶ…小3個　柿…1/2個
塩…小さじ1/2

A 酢…大さじ2
　砂糖…大さじ1と1/2

作り方

1. かぶは皮をむいて半月切りにして塩をふり、少しおいてから軽くもみ、水気をしぼる。柿は半月切りにする。
2. ボウルにAを入れて混ぜ、かぶと柿を加えてあえる。

白菜のみかん風味あえ

材料（2人分）

白菜…大3枚
みかん…2個　塩…小さじ1/3

A オリーブ油…大さじ1と1/2
　酢…大さじ1
　砂糖…小さじ1/3
　塩…小さじ1/4

作り方

1. みかんは1個は果汁をしぼってボウルに入れ、Aと混ぜ合わせる。もう1個は皮をむいて袋から果肉を取り出し、Aに加える。
2. 白菜は長さ5〜6cmに切ってから繊維に沿って細切りにする。塩をもみ込み、しんなりしたら水気をしっかりしぼる。
3. 1に白菜を加えて混ぜ合わせる。

たたききゅうりのバジルマスタード

材 料（2人分）

きゅうり…2本
バジルの葉…6〜7枚

A オリーブ油…大さじ1
粒マスタード…小さじ2と1/2
塩…小さじ1/3

作り方

1. きゅうりはポリ袋に入れてめん棒でたたいて割り、食べやすい大きさにする。バジルは小さめにちぎる。
2. ボウルにAを入れて混ぜ合わせ、きゅうりとバジルを加えてあえる。

27kcal 1.1g 10分

夏野菜の梅風味浅漬け

材 料（4人分）

なす…3本　きゅうり…2本
みょうが…3個

A 水…1と1/2カップ
塩…大さじ1

B 梅干し（種を除いてたたく）…2個分
酢…大さじ2
昆布茶（粉末）…小さじ1
塩…少々

作り方

1. なすは縦半分に切ってから斜めに3〜4等分に切る。きゅうりは縦半分に切って長さを4等分に切る。みょうがは四つ割りにし、サッと熱湯をかける。
2. ポリ袋にAを合わせ、1を入れ、空気を抜いて口をしばって冷蔵庫に30分ほどおく（時間外）。
3. 2の水気をしぼり、別のポリ袋に入れ、Bを加えて混ぜる。冷蔵庫に30分ほどおき（時間外）、袋の上から軽くもんで水気をしぼる。

92kcal 1.0g 15分

新にんじんのきんぴら

材 料（3人分）

新にんじん…1本
新ごぼう…1/3本

A しょうゆ、酒、みりん…各大さじ1
砂糖…小さじ1

サラダ油…大さじ1

作り方

1. にんじんは長さ5cmの細切りにする。ごぼうは長さ5cmの細切りにし、水に5分ほどさらしてざるに上げる。Aは混ぜる。
2. フライパンに油を中火で熱し、ごぼうを1分ほど炒める。油が回ったらにんじんを加え、2〜3分炒める。しんなりしたらAを加え、汁気がなくなるまで炒める。

ごぼうの寿司酢煮

材 料（2人分）

ごぼう…150g

A 水…1と1/2カップ
寿司酢…1/4カップ
しょうゆ…小さじ1

作り方

1. ごぼうは細めの乱切りにし、水（材料外）に1〜2分つけて水気をきる。
2. 鍋にごぼうとAを入れ、中火にかける。煮立ったらアルミ箔で落としぶたをし、弱火で汁気がほとんどなくなるまで15分ほど煮る。

きゅうりとセロリのピクルス

材 料（2人分）

きゅうり…1本　セロリ…1本
塩…小さじ1

A 粒黒こしょう…少々
酢…大さじ3
砂糖…大さじ1
水…大さじ2

作り方

1. きゅうりはピーラーで縞目に皮をむき、乱切りにする。セロリは筋を取り、乱切りにする。ボウルに合わせて入れ、塩をふって15分ほどおく（時間外）。
2. 別のボウルにAを合わせ、1の水気をきって加えてからめる。ラップをかけて冷蔵庫に30分以上おいて味をなじませる（時間外）。

106kcal　1.8g　10分

切り干し大根の梅甘酢漬け

材 料（2人分）

切り干し大根…30g
梅干し…1個
ちりめんじゃこ…20g

A 酢、水…各大さじ3
砂糖…大さじ1と1/2
しょうゆ…大さじ1/2

青じそ…適量

作り方

1. 切り干し大根は水でもみ洗いし、水に5分ほどつけて戻す。水気をしぼり、ざく切りにする。
2. ボウルにちぎった梅干し、ちりめんじゃこ、Aを入れ、切り干し大根を加えてあえる。冷蔵庫で1時間漬ける（時間外）。器に盛り、青じそを添える。

毎日の献立サポート

②

汁もの

シンプルなおすましから、
具だくさんのスープまで30品をセレクト。
主菜を軽めにするなら具だくさんなもの……など、
バランスを見ながらチョイスしましょう。

重信初江

196kcal 1.4g 25分

春野菜のスープ

材料(4人分)

新じゃがいも…2個(250g)　新たまねぎ…1/2個(80g)
春キャベツ…200g　スナップエンドウ…10本
あさり(殻付き・砂抜きしたもの)…300g　ベーコン…4枚
ミニトマト…14〜15個　オリーブ油…大さじ1
白ワイン(または酒)…1/3カップ

A| 水…4カップ　コンソメ(顆粒)…小さじ1　塩、こしょう…各少々

作り方

1. じゃがいもは1.5cm角、たまねぎは幅1cmのくし形切り、キャベツは大きめのひと口大にそれぞれ切る。鍋に湯を沸かし、塩少々(材料外)を入れて筋を取ったスナップエンドウを1分ほどゆでてざるに上げ、あら熱が取れたら縦半分に割る。あさりは殻をこすり合わせて洗う。ベーコンは6等分に切る。
2. フライパンにオリーブ油を中火で熱し、じゃがいも、たまねぎを2〜3分炒める。あさりを加えてサッと炒め、白ワインをふり、ふたをして1〜2分蒸し煮にする。
3. あさりの殻が開いたらAを加え、煮立ったらアクを取り、弱火にしてじゃがいもがやわらかくなるまで5〜6分煮る。キャベツとベーコンを加えて2分ほど煮たら、ミニトマトを加えて1分ほど煮る。スナップエンドウを加えてサッと煮る。

おかずけんちん汁

材 料（2人分）

木綿豆腐…1/2丁（150g）
こんにゃく（下ゆでし、長さ4cmの短冊切り）…40g
れんこん（薄いいちょう切りにし、水にさらす）…40g
にんじん（短冊切り）…4cm分
大根（長さ4cmの短冊切り）…40g
生しいたけ（石づきを取り、薄切り）…2個分
ごま油…大さじ1/2　だし汁…2カップ
塩、しょうゆ…各小さじ1/2

作り方

1. 豆腐は粗くくずし、ペーパータオル2枚で包んで10分ほどおき、水気をきる。
2. 鍋にごま油を中火で熱し、こんにゃく、水気をきったれんこん、にんじん、大根を加え、油が回るまで炒める。しいたけを加えてサッと炒める。
3. 具を端によせ、空いたところに豆腐を加えてサッと炒める。だし汁を加えてひと煮立ちさせ、アクを取る。ふたをして弱火で10分ほど、野菜がやわらかくなるまで煮る。塩、しょうゆを加えてひと煮立ちさせる。

牛肉入りさといも汁

材 料（2人分）

牛肉（こま切れ）…100g　さといも…2～3個
にんじん…1/3本　長ねぎ…1/3本
こんにゃく…80g　塩…少々　だし汁…2カップ

A| 酒、しょうゆ…各大さじ1/2　塩…小さじ1/2

作り方

1. 牛肉は食べやすく切る。さといもは天地を切り落として皮をむき、ひと口大に切る。塩をふってよくもみ、水で洗う。これをもう一度くり返す。
2. にんじんは幅1cmの半月切りにする。長ねぎは長さ2cmに切る。こんにゃくはスプーンでひと口大にちぎる。
3. 鍋にだし汁、さといも、にんじん、こんにゃくを入れて中火にかけ、煮立ったら牛肉と長ねぎを加える。再び煮立ったらアクを取り、5～6分煮る。Aを加えてひと煮して、火を止める。

三平汁

材 料（2～3人分）

塩鮭（中辛・切身）…2切れ　じゃがいも…2個
にんじん…小1本　大根…5cm　長ねぎ…1/2本

A| 酒、みりん…各大さじ1

昆布…20cm　水…5カップ　酒…大さじ1
新しょうが（せん切り）…1かけ分

作り方

1. 鍋に昆布と材料の水を入れ、10分ほどおく（時間外）。
2. 鮭はひと口大に切り、Aをふる。じゃがいもはひと口大に切る。にんじんは幅5mm、大根は幅1cmのいちょう切りにする。長ねぎは幅1.5cmの小口切りにする。
3. 1に鮭、じゃがいも、にんじん、大根を入れて中火にかけ、煮立ったらアクを取り、弱めの中火で15分煮る。
4. 酒、長ねぎを加えて5分ほど煮る。器に盛り、しょうがをのせる。

ほりえさわこ

3.3g

豚肉と根菜の具だくさん汁

材 料（2人分）

豚肉（切り落とし）…100g　ごぼう…5cm
にんじん…3cm　こんにゃく…1/4枚
木綿豆腐…1/4丁（70～80g）　ごま油…大さじ1
しょうが（せん切り）…1かけ分

A| だし汁…3カップ　しょうゆ、酒…各大さじ2

塩…少々　みりん…小さじ1
七味唐辛子（お好みで）…適量

作り方

1. 豚肉はひと口大に切る。ごぼうは皮をこそげ落としてささがきにし、にんじんは細切りにする。こんにゃくは下ゆでして水気をきり、細切りにする。
2. 鍋にごま油としょうがを入れて中火で炒め、香りが立ったら豚肉を炒める。肉の色が変わったら、ごぼう、にんじん、こんにゃくを加えて油が回るまで炒める。
3. Aを加え、アクを取りながら15分ほど煮る。
4. 豆腐を手でくずして加え、塩、みりんで味をととのえる。器に盛り、お好みで七味唐辛子をふる。

あじのつみれ汁

材 料（2人分）

あじ（三枚おろし）…2尾分　大根…5cm
にんじん…1/2本　長ねぎ…3cm
しょうが（せん切り）…1/2かけ分
昆布…5cm　水…3カップ

A｜薄力粉…大さじ1/2　みそ…大さじ1
　｜しょうが汁…小さじ1
B｜酒…大さじ1　しょうゆ…小さじ2

作り方

1. あじは骨と皮を取り、包丁で細かくたたく。ボウルに入れ、Aを加えて混ぜる。大根、にんじんは短冊切りにする。長ねぎは斜め薄切りにする。
2. 鍋に昆布、材料の水を入れて中火にかけ、沸騰直前で昆布を取り出す。大根、にんじんを加えて5分煮る。
3. 1のあじを4等分にして丸め、2に落とし入れる。煮立ったらアクを取り、7〜8分煮て、Bで味をととのえる。器に盛り、長ねぎ、しょうがをのせる。

あさりと鶏肉の エスニックスープ

材 料（2人分）

あさり（砂出しをしたもの）…150g
鶏もも肉…150g　春雨…20g

A｜鶏がらスープ（顆粒）…大さじ1/2
　｜水…2と1/2カップ

酒…大さじ1　ナンプラー…小さじ1〜2
クレソン…1束

作り方

1. 春雨は水に15分ほどつけて戻す（時間外）。
2. あさりは殻と殻をこするように洗い、水気をきる。鶏肉はそぎ切りにする。
3. 鍋にAを入れて中火にかけ、煮立ったら酒、ナンプラー、あさり、鶏肉を加える。煮立ったらアクを取り除き、春雨を加える。
4. あさりの殻が開いたら、クレソンを食べやすくちぎって加え、サッと煮て火を止める。

サンラータン風スープ

材 料（2人分）

豚もも肉（薄切り）…100g　たけのこ（水煮）…60g
パプリカ（赤）…1/2個　えのきだけ…小1/2袋
プレーンヨーグルト（無糖）…大さじ2
サラダ油…大さじ1　しょうが（せん切り）…1かけ分
香菜（ざく切り）…適量

A｜水…2と1/2カップ
　｜鶏がらスープ（顆粒）…小さじ1
B｜酢…大さじ1　しょうゆ…大さじ1/2
　｜トーバンジャン、砂糖…各小さじ1/2

作り方

1. 豚肉は細切りにし、塩少々（材料外）をふる。たけのこは繊維に沿って食べやすい大きさの薄切りにする。パプリカは細切りにし、えのきだけは根元を切ってほぐす。
2. 鍋に油を入れて中火で熱し、しょうがを炒める。香りが出たら、豚肉、たけのこ、パプリカ、えのきだけを加えて1分ほど炒める。
3. Aを加えてひと煮立ちさせ、Bで調味し、ヨーグルトを加えて溶かす。器に盛り、香菜をのせる。

藤野嘉子

151kcal　1.3g　15分

かぶとささみのとろとろスープ

材 料（2人分）

かぶ…2個　かぶの葉…4枚　鶏ささみ…2本

A｜酒…大さじ1　塩…少々

片栗粉…大さじ1　にんじん（薄い輪切り）…2枚
しょうが（せん切り）…1/2かけ分　塩…少々

B｜鶏がらスープ（顆粒）…大さじ1/2　水…2カップ

作り方

1. かぶは皮をむいてすりおろす。かぶの葉は長さ3cmに切る。ささみは筋を取り、斜めに細切りにしてAをからめ、片栗粉をまぶす。
2. にんじんは梅型で抜く。
3. 鍋にBを入れて中火にかけ、煮立ったら鶏肉、かぶの葉、にんじん、しょうがを加える。アクを取って3分ほど煮たら、かぶのすりおろしを汁気を軽くきって加える。味をみて、塩を加えてひと煮する。

248kcal 1.6g 15分

ベーコンとブロッコリーの豆乳スープ

材料（2人分）

ベーコン…3枚
ブロッコリー…3～4房
たまねぎ…1/2個
ホールコーン…50g
豆乳（無調整）…1と1/2カップ
オリーブ油…大さじ1/2

A
水…3/4カップ
コンソメ（顆粒）…小さじ1/2
塩…小さじ1/4
こしょう…少々

作り方

1. ベーコンは幅1cmに切る。ブロッコリーは小さな房に切り分ける。たまねぎは1cm角に切る。
2. 鍋にオリーブ油を中火で熱し、ベーコン、たまねぎを1分ほど炒める。Aを加え、煮立ったら2分ほど煮る。
3. ブロッコリー、コーンを加え、再び煮立ったら豆乳を加え、煮立たせないように温める。

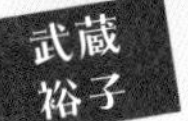

133kcal 1.0g 15分

さといもとベーコンの豆乳スープ

材料（2人分）

さといも…2個（160～180g）
ベーコン…2枚
豆乳（無調整）…1/4カップ
水…1と1/2カップ
コンソメ（顆粒）…小さじ1/2
塩…適量　しょうゆ…少々
粗びき黒こしょう…適量

作り方

1. さといもは皮を厚めにむき、幅7～8mmの輪切りにする。塩少々をふってよくもみ、水で洗う。これをもう一度くり返す。ベーコンは幅1cmに切る。
2. 鍋に材料の水、コンソメ、さといも、ベーコンを入れ、強めの中火にかける。煮立ったらアクを取り、さといもがやわらかくなるまで5～6分煮る。
3. 豆乳を加え、塩少々、しょうゆで味をととのえ、すぐに火を止める（煮立たせない）。器に盛り、黒こしょうをふる。

かぶと油揚げのみそ汁

材料（2人分）

かぶ…小2個　かぶの葉…30g
油揚げ…1/2枚
カットわかめ（乾燥）…大さじ1
だし汁…2カップ
みそ…大さじ1と1/2

作り方

1. かぶは8等分のくし形切りにする。葉は長さ3cmに切る。油揚げは細長く半分に切ってから、幅1cmに切る。
2. 鍋にだし汁を煮立て、かぶ、油揚げ、カットわかめを戻さずに加えて弱火にし、3分ほど煮る。かぶの葉を加え、再び煮立ったらみそを溶き入れる。

具だくさん肉吸い

材 料（2人分）

牛肉（こま切れ）…200g
絹ごし豆腐…1/2丁（150g）
しめじ…1パック
わけぎ（小口切り）…2本分
七味唐辛子…少々

A だし汁…2と1/2カップ
しょうゆ…大さじ2
みりん…大さじ2

作り方

1. 豆腐はペーパータオルに包み、15分ほどおいて水きりをして、ひと口大に切る。しめじは小房に分ける。
2. 鍋にAを入れて煮立て、牛肉を入れてほぐす。再び煮立ったらアクを取り、中火で1分煮る。豆腐、しめじを加えて1〜2分煮て器に盛り、わけぎをのせ、七味唐辛子をふる。

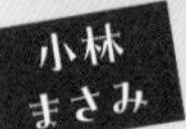

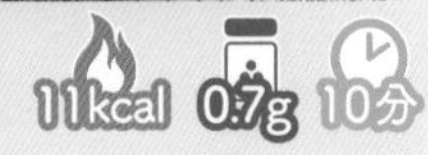

モロヘイヤの冷たいスープ

材 料（4人分）

モロヘイヤ…80g

A だし汁…3カップ
塩…小さじ1/3〜1/2
しょうゆ…小さじ1/3
しょうが（すりおろし）…少々

作り方

1. モロヘイヤは葉をつみ（茎はかたいので使わない）、熱湯でサッとゆでる。ざるに上げて湯をきり、あら熱が取れたら水気をしぼり、包丁で細かく切る。
2. ボウルにA、1を入れて混ぜ、冷蔵庫で2時間以上冷やす（時間外）。器に盛り、しょうがをのせる。

116kcal 1.6g 10分

おろしれんこんとささみのスープ

材 料（2人分）

鶏ささみ…2本
れんこん…150g
だし汁…3カップ
塩…少々 しょうゆ…小さじ1
梅肉…小さじ2
かいわれ菜（長さを半分に切る）…少々

作り方

1. 鍋にだし汁とささみを入れ、強めの中火にかける。煮立ったらアクを取り、中火で2分ほど煮て、火を止める。ささみを取り出し、あら熱が取れたら粗くさく。
2. 1の鍋にれんこんをすりおろしながら加え、中火にかけて2〜3分煮る。
3. ささみを戻し入れ、塩、しょうゆで味をととのえる。
4. 器に盛り、梅肉、かいわれ菜をのせる。

大豆入り豆乳豚汁

材料（4人分）

豚肉（こま切れ）…150g
ゆで大豆…100g
かぶ（葉付き）…1個
にんじん（細切り）…1/2本分
しめじ（ほぐす）…1パック分
だし汁…2と1/2カップ
豆乳（無調整）…1と1/2カップ
みそ…大さじ3

作り方

1. 豚肉は食べやすく切る。かぶは皮付きのまま幅5mmの半月切りにし、葉は長さ4cmに切る。
2. 鍋にだし汁を強火で煮立て、豚肉、にんじんを入れ、アクを取る。大豆、かぶ、しめじを加えてふたをし、弱火で5分ほど煮る。
3. 豆乳を加えて中火にし、煮立てないように温める。弱火にしてみそを溶き入れ、温める。

桜えびの豆乳スープ

材料（2人分）

食パン（6枚切り）…2枚
豆乳（無調整）…2と1/2カップ
細ねぎ（小口切り）…大さじ2
ザーサイ（味付き・みじん切り）…大さじ2
桜えび（乾燥）…大さじ2
サラダ油…大さじ1/2

A 黒酢…大さじ2
しょうゆ…小さじ2
塩…小さじ1/4

作り方

1. 食パンは縦4等分に切る。フライパンに油を弱めの中火で熱し、食パンを入れ、両面に焼き色がつくまで3～4分、時々返しながら焼き、ペーパータオルにとって油をきる。
2. 器にA、細ねぎ、ザーサイ、桜えびを等分に入れる。
3. 鍋に豆乳を入れて中火にかけ、沸騰直前まで温め、2に等分に注いで混ぜる。1を添え、スープにひたしながら食べる。

藤野
嘉子

38kcal 2.0g 10分

しじみのエスニックスープ

材料（2人分）

しじみ（砂抜きしたもの）…200g
エリンギ…1本
水…2と1/2カップ
鶏がらスープ（顆粒）…小さじ1
酒…大さじ1　塩…小さじ1/2
こしょう…少々
レモン（半月切り）、香菜（ざく切り）…各適量

作り方

1. しじみはサッと水洗いする。
2. エリンギは縦半分に切り、薄切りにする。
3. 鍋に材料の水を入れて火にかけ、沸騰したら鶏がらスープを溶かし、しじみを加える。殻が開いたら、エリンギを加えて1分ほど煮る。
4. 酒を加えて、塩、こしょうをふり、器に盛る。レモン、香菜をのせる。

はまぐりのお吸いもの

材 料（4人分）

はまぐり（砂抜きしたもの）…8個
花麩…8個　三つ葉…4〜5本
昆布（5cm四方）…1枚

A　水…3と1/2カップ
　　酒…大さじ2
B　薄口しょうゆ…小さじ1
　　塩…小さじ1/4

作り方

1. 鍋にA、昆布を入れて10分ほどおく。はまぐりは殻をこすり合わせて洗う。三つ葉は長さ3cmに切る。
2. 1の鍋にはまぐりを加えて中火で煮立てる。花麩を加え、アクを取り、はまぐりの口がすべて開いたらBで調味する（味をみて分量は加減する）。
3. 貝の身を殻から4個分はずし、残りの貝殻の片側にのせる。器に盛り、三つ葉をのせる。

49kcal　1.2g　5分

レタスのかきたま汁

材 料（2人分）

溶き卵…1個分　レタス…3枚
だし汁…2カップ
塩…小さじ1/3
しょうゆ…少々

作り方

1. 鍋にだし汁を入れて中火で温め、塩、しょうゆで調味する。
2. レタスをちぎって加え、しんなりしたら、溶き卵を回し入れる。卵がフワッと浮いてきたら軽く混ぜ、火を止める。

重信
初江

57kcal　1.5g　10分

ツナのトムヤムクン風スープ

材 料（2人分）

ツナ（缶詰・チャンクタイプ）…
　1缶（130g）
しめじ…1/2袋
ミニトマト…8個

A　水…2カップ
　　ナンプラー…大さじ1/2
　　鶏がらスープ（顆粒）、砂糖
　　　…各小さじ1
　　トーバンジャン…小さじ1/2

レモン汁…大さじ1
香菜…1株

作り方

1. しめじは小房に分ける。ミニトマトは半分に切る。香菜は幅1cmに切る。
2. 鍋にAを入れて中火で煮立て、しめじとツナを汁ごと加え、1〜2分煮る。ミニトマトを加え、再び煮立ったら火を止め、レモン汁を加える。
3. 器に盛り、香菜をのせる。

かにかまとかいわれ菜のお吸いもの

材 料（2人分）

かに風味かまぼこ…4～5本
かいわれ菜（半分に切る）…1/2パック分
だし汁…2と1/2カップ
春雨（乾燥・短いタイプ）…20g

A 酒…大さじ1/2
塩、しょうゆ…各小さじ1/4

作り方

1. 鍋にだし汁を中火で煮立て、春雨を加えてやわらかくなるまで煮る。かに風味かまぼこを細くほぐして加え、Aで調味し、かいわれ菜を加えてひと煮立ちさせる。

106kcal 1.6g 10分

沢煮椀

材 料（2人分）

豚ロース肉（薄切り）…3枚
大根…100g　にんじん…1/8本

A だし汁…2カップ
薄口しょうゆ…小さじ1
塩…小さじ1/3

すだち…1個

作り方

1. 大根とにんじんはせん切りにする。豚肉は長さ3～4cmに切ってから細切りにする。
2. 鍋にAを入れて中火にかけ、煮立ったら豚肉を加えてほぐす。再び煮立ったら大根とにんじんを加えてすぐに火を止める。
3. 椀に盛り、すだちをしぼる。

28kcal 1.3g 10分

まいたけと花麩のお吸いもの

材 料（4人分）

まいたけ…2パック（160g）
花麩…16枚　三つ葉…5～6本

A だし汁…4カップ
しょうゆ…小さじ
塩…小さじ1/2

作り方

1. まいたけは食べやすくさく。三つ葉は長さ2cmに切る。
2. 鍋にAを煮立て、まいたけと花麩を入れる。弱火で1分ほど煮て器に盛り、三つ葉をのせる。

春にんじんの ポタージュ

材 料（2〜3人分）

にんじん…小2本（200g）
たまねぎ…1/2個
バター…大さじ2

A ごはん…大さじ2
コンソメ（顆粒）…小さじ1/2
水…2と1/2カップ

塩…小さじ1/2
カレー粉…小さじ1/2
ドライパセリ…少々

作り方

1. にんじんは薄い半月切りに、たまねぎは薄切りにする。
2. 鍋にバターとたまねぎを入れ、中火で炒める。しんなりしてきたらにんじんを加え、3分ほど炒める。Aを加えてひと煮立ちさせたらアクを取り、ふたをして弱火で15分ほど、にんじんがやわらかくなるまで煮て火を止める。そのまま冷まし、粗熱を取る。
3. 2をミキサーにかけてなめらかにし、鍋に戻す。中火にかけて温め、塩、カレー粉を加えてひと煮する。器に盛り、パセリをちらす。

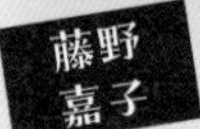

根菜の みそヨーグルトスープ

材 料（2人分）

ベーコン…40ｇ　ごぼう…10cm
じゃがいも…1個
にんじん…1/2本
たまねぎ…1/2個
バター…大さじ1
だし汁…3カップ　みそ…大さじ2
プレーンヨーグルト
…大さじ2〜3

作り方

1. ベーコンは幅1cmに切る。ごぼうは皮をこそげ落として斜め薄切りにし、サッと洗う。じゃがいもは1.5cm角に切り、水にさらして水気をきる。にんじん、たまねぎは1cm角に切る。
2. 鍋にバターを入れて中火にかけ、溶けきらないうちにじゃがいも以外の1を加え、全体にツヤが出るまで3分ほど炒める。
3. じゃがいも、だし汁を加え、弱めの中火で15分煮る。火を止めてみそを溶き入れる。器に盛り、ヨーグルトをのせる。

111kcal 1.0g 20分

長ねぎとじゃがいもの ポタージュ

材 料（2人分）

長ねぎ…1本
じゃがいも…1個　バター…15g
塩…小さじ1/3こしょう…少々
水…2カップ

作り方

1. 長ねぎは青い部分も含めてすべて小口切りにする。じゃがいもは薄いいちょう切りにする。
2. 鍋にバターを入れて弱火で溶かし、1、塩を入れ、じゃがいもが木べらでつぶせるぐらいになるまで8〜10分ゆっくりと炒める。
3. 水を加え、煮立ったらアクを取り、3〜4分煮る。火を止めて粗熱を取り、ミキサーなどで撹拌する。味を見て、足りなければ塩（分量外）、こしょうで味を調える。

トマトとコーンのスープ

材料（2人分）

トマト…1個
ホールコーン…50g
たまねぎ…1/4個

A　水…1と1/2カップ
　　コンソメ（顆粒）…小さじ1/3
　　塩…小さじ1/3
　　こしょう…少々

オリーブ油…小さじ1/2

作り方

1. トマトは1cm角に、たまねぎは1cm四方に切って鍋に入れ、Aを加えて強火にかける。煮立ったら弱火にし、ふたをして5分ほど煮る。
2. トマトを軽くつぶし、コーンを加えてサッと煮る。塩、こしょうで味をととのえ、オリーブ油を加える。

れんこん団子のスープ

材料（2〜3人分）

れんこん…150g
にんじん…1/2本
さやえんどう…30g
だし汁…2と1/2カップ
塩…小さじ1/3
しょうゆ…小さじ1/2

A　片栗粉…大さじ2
　　塩…少々

作り方

1. れんこんは皮をむいてすりおろし、ざるに上げて軽く水気をきり、ボウルに入れてAを加えて混ぜる。
2. にんじんはせん切りにする。さやえんどうは筋を取り、斜めにせん切りにする。
3. 鍋にだし汁を入れて中火で煮立てたところに1をスプーンですくって落とし入れ、にんじんを加えて弱火で3分ほど煮る。塩、しょうゆで調味し、さやえんどうを加えてひと煮立ちさせる。

にんじんのすり流し

材料（4人分）

にんじん（すりおろし）…1本分

A　だし汁…4カップ
　　しょうゆ…小さじ2
　　塩…小さじ2/3

水…大さじ2
片栗粉…小さじ2
かいわれ菜（半分に切る）…適量

作り方

1. 鍋にAを入れて中火で煮立て、にんじんを加える。アクを取り、2分ほど煮る。
2. 材料の水で溶いた片栗粉でとろみをつける。器に盛り、かいわれ菜をのせる。

ふれ愛交差点
人気料理家のとっておきレシピ300

2024年6月15日　初版第1刷発行

監　修　シジシージャパン

レシピ　石原洋子、小林まさみ、重信初江、藤野嘉子、ほりえさわこ、堀江ひろ子、武蔵裕子

デザイン　whiteline graphics co

撮影　鈴木泰介、原ヒデトシ、邑口京一郎

編集協力　大橋友紀、高橋綾香、伊藤和（セントラルメディエンス コミュニケーションズ）

発行人　永田和泉

発行所　株式会社イースト・プレス

〒101-0051

東京都千代田区神田神保町2-4-7 久月神田ビル

Tel.03-5213-4700 Fax.03-5213-4701

https://www.eastpress.co.jp

印刷所 中央精版印刷株式会社

ISBN978-4-7816-2330-6